AF554156

Bourbonne et ses environs

NOUVEAU GUIDE

DES BAIGNEURS

PROMENADES ET EXCURSIONS

RENSEIGNEMENTS DIVERS

par A. CONSTANTIN

EN VENTE
Chez **HUMBERT**, Libraire-Editeur,
à Bourbonne-les-Bains.

17K
24707

BOURBONNE-LES-BAINS à NANCY et PARIS

STATIONS	Matin	Matin	Matin	Soir	Soir	Soir
Bourbonne-l-Bains (D.). .	4 35	6 01	9 03	1 17	4 28	9 14
Voisey	4 51	6 17	9 23	1 37	4 44	9 34
Vitrey.	5 06	6 32	9 39	1 53	4 59	9 50
Chalindrey . . . (Départ) .	6 25	6 50	11 »	3 07	6 06	min. 54
Paris. . . . . (Arrivée) .	4 07	» »	8 44 s.	9 30 s.	3 27 m.	10 30 m.
Nancy. . . . . . . (Arrivée) .	» »	2 35 s.	» »	» »	» »	8 16 m.

NANCY et PARIS à BOURBONNE-LES-BAINS

STATIONS	Soir	Soir	Matin	Matin	Matin	Soir
Nancy . . . . (Départ) . .	» »	» »	» »	10 08	10 21	5 »
Paris . . . . (Départ). .	9 »	9 40	Min. 35	» »	» »	» »
Chalindrey. . . . (Départ). .	3 11	5 50	10 12	3 07	5 36	10 38
Vitrey.	3 50	6 45	11 05	3 45	6 35	3 50
Voisey.	4 09	7 06	11 26	4 04	6 56	4 09
Bourbonne-les-Bains . .	4 26	7 23	11 43	4 21	7 13	4 26

DÉPOT LÉGAL
Hte Marne.
N° 28
1881

Bourbonne et ses environs

NOUVEAU GUIDE

DES BAIGNEURS

BIBLIOTHÈQUE NATIONALE
RF
IMPRIMÉS

PROMENADES ET EXCURSIONS

RENSEIGNEMENTS DIVERS

par A. CONSTANTIN

EN VENTE
Chez **HUMBERT**, Libraire-Editeur,
à Bourbonne-les-Bains.

PREMIÈRE PARTIE

BOURBONNE-LES-BAINS

Nature et propriétés de ses Eaux Thermales

Les eaux de Bourbonne (65°) sont chlorurées fortes, bromo-iodurées, arséniales et lithinées.

Il résulte des expériences faites qu'elles sont excitatrices du système nerveux. Elles doivent cette propriété au chlorure de sodium qu'elles renferment, et dont l'action est augmentée par les conditions allotropiques qu'elles subissent en traversant les couches géologiques, sous l'influence d'une température élevée et d'une forte pression atmosphérique.

C'est en vertu de cette action qu'elles sont *fondantes, résolutives, altérantes, reconstituantes.*

Prises intérieurement, elles activent les fonctions des intestins et des organes parenchymateux.

Prises extérieurement, elles impriment une énergie plus forte au système nerveux cutané dont elles augmentent l'action réflexe sur les organes sous-jacents et internes. Aussi conviennent-elles dans la plupart des maladies chroniques non infectieuses ou sans dégénérescence organique.

En tête se placent :
Les *rhumatismes musculaires*, les *névralgies*, le *lombago*, la *sciatique*, la *gastralgie*, les *rhumatismes articulaires*, les *engorgements consécutifs à l'arthrite goutteuse*.

Elles sont employées avec un grand succès dans l'*anémie*, la *chlorose*, *la faiblesse des enfants et des vieillards ;* dans les *paralysies*, surtout celles qui sont locales.

Il est un autre ordre d'affections dans lesquelles elles sont d'une efficacité incontestable. Ce sont :

Les suites de *fractures*, d'*entorses*, la *contracture des membres*, les fausses *ankyloses*. Elles sont souveraines dans les *coxalgies*, les *caries*, les *nécroses* et dans toutes les formes de la *scrofule* et du *lymphatisme*.

Les eaux de Bourbonne ont encore la propriété — qu'on a souvent l'occasion de constater — de guérir les *engorgements des viscères de l'abdomen*.

Elles ont une action très-efficace et universellement reconnue dans la guérison des *plaies d'armes à feu*. Elles rétablissent la circulation des fluides, facilitent le dégorgement des trajets fistuleux et communiquent aux muscles avoisinants plus de souplesse et de contractilité ; aussi favorisent-elles puissamment la sortie des esquilles et des corps étrangers que les projectiles entraînent si souvent dans les chairs.

L'exposé sommaire qui précède nous a été communiqué par M. le docteur Magnin, inspecteur-adjoint des eaux de Bourbonne.

Nous engageons vivement nos lecteurs à consulter, pour plus de détails, les nombreux et savants ouvrages qui ont été consacrés par les praticiens les plus distingués à l'étude des Eaux de Bourbonne.

Les plus récents sont ceux des docteurs Bougard, Causard, Daprey, Emile Magnin, Mercier.

La dernière analyse de nos eaux est celle de M. Willm, qui a paru, en 1882, dans le *Recueil des tra-*

vaux du comité consultatif d'hygiène publique de France. La voici :

	GRAMMES
Acide carbonique combiné	0. 0703
— — libre	0. 0263
Silice	0. 0748
Carbonate de calcium	0. 0743
— de magnésium	0. 0032
— ferreux et manganeux	0. 0023
Fluorure de calcium	*Traces*
Sulfate —	1. 3980
Chlorure —	0. 0785
— de magnesium	0. 0538
— de lithinium	0. 0887
— de sodium	5. 2020
— de potassium — de rubidium et cœsium	0. 1992
Bromure de sodium	0. 0644
Iode-Arsenic-Ammoniaque	*Traces*
TOTAL.	7. 3358

Situation — Géologie — Voies de Communication — Histoire — Monuments et Promenades.

SITUATION. — La ville de *Bourbonne-les-Bains,* chef-lieu de canton de l'arrondissement de Langres, est située au Sud-Est du département de la Haute-Marne, non loin du point de contact de ce département avec ceux des Vosges et de la Haute-Saône.

Elle faisait autrefois partie de la province de Champagne et était entourée par la Lorraine, la Franche-Comté et la Bourgogne.

Coquettement assise sur le côteau qui sépare la vallée de l'Apance du vallon secondaire du ruisseau de Borne, et dont la pointe vient mourir au confluent de ces deux cours d'eau, la ville est dominée par une ligne de hauteurs qui forment autour d'elle comme une verte ceinture de vignes et de bois : ce sont les revers orientaux du plateau de Langres, les cîmes boisées des Faucilles, les crêtes si pittoresques d'Ainvelle et du Haut-Bois, et enfin les côtes étagées de Genrupt, de Montcharvot et de Coiffy.

Le ruisseau de Borne sort du bois des Epinets, à cinq kilomètres Ouest de la ville.

L'Apance, qui prend sa source au versant des Faucilles, se tord en mille replis gracieux, et de nombreux ruisseaux, ses tributaires, animent de leurs murmures les riants paysages de la vallée. Elle se jette dans la Saône à 10 kilomètres Sud-Est de Bourbonne, à Châtillon.

A peu de distance du territoire, se trouvent les points culminants du plateau de Langres et une ligne de partage des eaux douces entre le Nord et le Midi ; tandis que d'un côté, à 13 kilomètres au Nord-

Ouest de Bourbonne, la Meuse prend sa source pour aller déverser ses eaux dans la mer du Nord, de l'autre côté, à quelques kilomètres, on voit l'origine de divers affluents de la Saône, qui est tributaire de la Méditerranée.

—o—

GÉOLOGIE.— Géologiquement parlant, Bourbonne est situé vers l'extrémité méridionale de cette grande île triasique qui, partant de la Prusse Rhénane, traverse les départements du Nord-Est de la France et présente des côteaux couronnés par les lias et les terrains plus récents sous lesquels elle disparaît au Midi et à l'Ouest, tandis qu'au Nord et à l'Est, elle est limitée par des terrains plus anciens. Mais, en nous renfermant dans des limites plus restreintes et en considérant Bourbonne même, on voit que cette ville est placée sur un promontoire de muschelkalk ; les marnes irisées, le grès infraliasique etc.. sont étagés sur les pentes et les côteaux environnants (qui ont une hauteur *maximum* d'environ 180 mètres au-dessus de l'émergence des sources thermales) et forment à l'entour des cercles presque complets, ouverts seulement au Sud-Est dans la vallée de l'Apance où affleurent successivement les marnes inférieures au muschelkalk et le grès bigarré. Celui-ci est exploité en carrière sur le territoire de Fresnes, puis à Châtillon où apparaissent des schistes et grès de transition et un îlot granitique qui a pu être le centre d'un soulèvement très-puissant, probablement antérieur au grès bigarré, mais qui, par suite d'ébranlements nouveaux, a pu réagir sur les terrains supérieurs et concourir à la production des failles environnantes.

L'une d'elles a donné naissance aux vallées de l'Apance et de Borne. Elle est caractérisée par le soulèvement et par l'inclinaison opposée du muschelkalk qui recouvre les deux collines de la vallée, ainsi que par l'affaissement relatif des couches qui forment la colline septentrionale. Elle nous paraît encore caractérisée par la différence des niveaux auxquels jaillit l'eau douce des deux côtés de la vallée de Borne. Par exemple, dans le jardin des Bains et au-dessus, elle sort dans le versant du côteau et alimente des fontaines jaillissant sur la place et à l'hôpital militaire, tandis que du côté opposé, il faut creuser des puits pour la trouver. Cette différence de niveau provient de ce que le terrain aquifère, brisé dans la vallée, s'est affaissé sur le côteau septentrional, par rapport au côteau opposé. Dans la région des sources thermales, le fond de la vallée de Borne, débarrassé du muschelkalk affleurant sur les deux versants, est formé par l'alluvion qui, à certains endroits du quartier des Bains, a jusqu'à 10 mètres d'épaisseur et repose sur le banc de marnes bariolées, argileuses, sablonneuses et calcaires intermédiaires entre le muschelkalk et le grès bigarré et qui a environ 45^{m} de puissance. A Bourbonne, d'autres cassures inclinées sur celles de la vallée, produisent un étoilement dont l'existence paraît expliquer à cet endroit l'apparition des sources thermales.

C'est dans le fond de cette vallée, à l'altitude d'environ 255 mètres au-dessus du niveau de la mer, et dans un espace d'environ 130 mètres de longueur sur 60 mètres de largeur qu'aujourd'hui les sources jaillissent à une température *maximum* de 66° ; elles proviennent, par conséquent, d'une profondeur d'environ 1600 mètres. Nous disons « environ » parce que ce chiffre est calculé sur la loi d'accroissement de la température de la terre en raison de la profondeur, loi qui n'est pas encore déterminée par expérience au-delà de 900 à 1000 mètres. Un peu plus loin, nous parlerons de ces sources thermales.

—o—

VOIES DE COMMUNICATION.— Placée au centre des trois places importantes de Neufchâteau, Chaumont et Langres, la ville de Bourbonne se trouve à proximité de nombreuses et belles routes et d'un réseau de voies ferrées au milieu desquelles des considérations d'ordre militaire la condamnent à se contenter provisoirement d'une ligne secondaire et insuffisante.

Les chemins de fer de Paris à Belfort et de Chalindrey à Mirecourt décrivent, en effet, autour de Bourbonne, un vaste demi-cercle qui, partant de Jussey, à l'Est et passant par Chaudenay, point de bifurcation des deux lignes, arrive à Lamarche. Bourbonne n'est réuni à ce demi-cercle que par le tronçon qui s'embranche sur la ligne de Paris à Belfort à 2 kilomètres 500 Est de la station de Vitrey et aboutit à la vieille cité thermale après un parcours de 16 kilomètres environ. Il en résulte que les cinq mille baigneurs que nous envoient annuellement la France et l'étranger sont obligés de passer d'où qu'ils viennent, par la grande ligne de Paris à Belfort.

—o—

HISTOIRE.— L'origine de Bourbonne remonte à une haute antiquité ; les fouilles entreprises à diverses époques pour les besoins des agrandissements successifs de l'établissement balnéaire mirent à découvert les restes de constructions considérables élevées par les Romains sur des ruines celtiques.

Les fragments d'architecture, les inscriptions, les *ex-voto* et les statues ainsi retrouvés ont permis d'affirmer la grande magnificence qui avait présidé à l'installation des bains romains. Les conquérants de la Gaule avaient ainsi élevé, partout où se trouvaient des eaux bienfaisantes, des monuments grandioses, merveilleux palais de marbre avec des piscines de porphyre, des salles de bains somptueuses, des appartements aménagés pour les jeux et la conversation, des bibliothèques, des galeries de tableaux, des promenades ombragées, des portiques spacieux disposés pour courir, sauter, faire du gymnase, avec toutes les dépendances enfin qui pouvaient contribuer à leur procurer des jouissances intellectuelles et matérielles. C'était le triomphe de l'*utile dulci*.

Bourbonne était au premier rang de ces splendides stations romaines : le réseau des grandes voies qui y aboutissaient suffirait à le prouver, s'il en fallait d'autres témoignages que les restes grandioses qui servent d'assises aux constructions actuelles de l'hôpital militaire.

Les invasions des Barbares qui renversèrent l'empire romain, détruisirent aussi ses glorieux monuments.

Pendant plusieurs centaines d'années, l'existence de Bourbonne reste enveloppée dans la nuit, et ce n'est qu'au VIIe siècle que son nom reparait dans l'histoire. Nous ne pouvons pas faire entrer dans le programme restreint de ce modeste *Guide* l'histoire, même sommaire, de Bourbonne et de ses seigneurs, mais nous renvoyons les lecteurs curieux de la connaître aux très-intéressants ouvrages de MM. Athanase Renard, Bougard, Lacordaire et autres.

A côté de l'histoire territoriale de Bourbonne, que nous possédons aussi complète que possible, l'histoire spéciale de son établissement thermal offre un vif intérêt. Nous voudrions qu'on en fît connaître surtout le côté épisodique. Qui recherchera et qui nous dira les noms des personnages illustres ou célèbres qui sont venus demander à nos eaux le repos et la santé ? La liste en serait longue, pour les 17e et 18e siècles surtout, où nos Thermes jouissaient d'une vogue sans pareille, « *pro aquarum famâ et œgrotantium sanitate.* » Ainsi, l'on cite le maréchal duc de Villars, que nos eaux guérirent rapidement d'une blessure reçue à Malpaquet, en 1709 ; Diderot, Grimm et d'Holbach ; mesdames Adélaïde et Victoire de France, tantes de Louis XVI ; la princesse de Lamballe, etc.....

Et depuis le commencement de ce siècle, que de figures curieuses à des titres bien divers ont traversé Bourbonne ! Combien en est-il venu de ces grands de la terre se prosterner humblement, dans l'appareil commun aux princes et aux gueux, sous le jet égalitaire de la douche en pomme d'arrosoir !

Il ne faudrait pas fouiller longtemps les archives des établissements civil et militaire pour y trouver des documents intéressants.

Dès les premières années du siècle, pendant et après les grandes guerres de la République et de l'Empire, Bourbonne était le rendez-vous des glorieux blessés de l'armée française. Les anciens du pays se rappellent avoir vu réunis ici jusqu'à douze ou quinze de ces généraux illustres qui comptaient plus de grandes victoires que d'années d'existence ; et nos eaux cicatrisaient leurs blessures reçues dans vingt batailles.

C'étaient le maréchal Moncey, duc de Conegliano d'abord ambassadeur, puis pair de France et gouverneur des Invalides, un des plus vaillants lieutenants de Napoléon, atteint de plusieurs blessures ; un autre maréchal de France, le comte Sebastiani, qui entra le premier à Moscou, qui, déjà grièvement blessé à Austerlitz, le fut encore à Leipsig, qui eut enfin l'atroce destinée de vivre assez vieux pour voir sa malheureuse fille égorgée par son mari, le duc de Praslin ; puis, le brillant général de Nansouty, dont les belles charges de cavalerie décidaient toujours la victoire dans les grandes occasions, blessé à la Moskowa ; et encore le général Belliard, pair de France et ambassadeur, dont la vie ne fut qu'une succession des plus brillants faits d'armes, qui prit part à toutes les grandes guerres, combattit sur tous les champs de bataille, partagea tous les triomphes, et hélas ! tous les revers de la France, qui se couvrit de gloire à Castiglione, à Vérone, à Arcole, au passage du Lavis, à Austerlitz, à Iéna, à Erfurth, à Eylau, à Friedland. Il fut blessé à Leipsig. Qu'on nous permette ici une anecdote. Dire décemment en quelle partie de son corps, Belliard fut blessé, n'est pas chose facile. Nous ne le dirons donc pas : il suffit, au surplus, de rappeler qu'il avait fait un demi-tour pour haranguer ses troupes lorsqu'il reçut un biscaïen ailleurs qu'au visage. Venu une première fois à Bourbonne pour soigner cette blessure, il dut y revenir quelques années plus tard. C'est alors qu'en entrant à l'établissement, il rencontra Deleuze, son ancien doucheur : « Eh ! bien mon brave, dit-il à Deleuze qui le regardait sans paraître retrouver ses traits, tu ne me reconnais donc pas ?— Non, monsieur ! lui répond l'humble fonctionnaire— Ça ne fait rien, donne-moi une douche. » Le général se déshabille et prend position devant la douche et le doucheur : «Ah ! mon général, s'écrie alors Deleuze en voyant la fameuse blessure, je vous reconnais ! vous êtes le général Belliard ! »

Et de rire !

Mais nous n'en finirions pas s'il fallait citer tous les héros qui, à cette époque, fréquentèrent Bourbonne. Il faudrait copier l'annuaire.

Vers le même temps, y venaient le comte Corvetto qui prit, le 28 septembre 1815, la succession du baron Louis au ministère des finances ; Madame Visconti, la femme du plus célèbre archéologue des temps modernes à laquelle l'empereur envoya un exprès à Bourbonne, pour lui apprendre la naissance du roi de Rome ; le prince de Talleyrand-Périgord,qu'une chute avait rendu boiteux dans son enfance ; il disait : « Bourbonne possède trois choses remarquables : ses eaux, son curé et son crieur public. » Le crieur et le curé sont morts, mais les eaux n'ont pas cessé de provoquer l'admiration du monde ; Chateaubriand, qui écrivait à Ampère et à madame Récamier tout le bien qu'il pensait de l'air pur de nos coteaux, et tout le mal possible de la musique de Senayde qui l'avait gratifié d'une aubade.

Faut-il citer pêle-mêle la duchesse d'Angoulême, en l'honneur de laquelle un somptueux festin avait été préparé, avec grands renforts d'écussons et d'arcs-de-triomphe, etquinevoulutprendrequ'unœufàlacoque, arrosé d'un verre d'eau thermale ; le prince et la princesse Troubetzkoï ; le comte Beugnot, pair de France, qui acheta aux environs de Bourbonne, la belle propriété de Labondice ; le savant Walferdin et le joyeux Romieu qui s'administrait un demi-verre d'eau chaude et deux flacons de champagne glacé ; le baron Brice, de gastronomique et truculente mémoire ; les maréchaux Forey et de Mac-Mahon ; d'innombrables généraux du second Empire, entre autres, de Cissey et Bourbaki qui laissa un gracieux souvenir au cercle de Bourbonne ; des artistes et des compositeurs tels que Boïeldieu, Martin, l'incomparable violoniste Remeniy, Galli-Marié, Essler, Jeanne Granier qui, toute jeunette, fit ses débuts sur la scène de notre Casino ; des princes et des souverains, le duc d'Aumale et Napoléon III qui traversa Bourbonne, en paletot noisette, nonchalamment étendu dans sa calèche, sans être distingué de la foule qui acclamait l'excellent M. Tonnet, flamboyant dans son costume de préfet honoraire ; et,plus récemment, Paul Déroulède, Alexandre Weyl, de Maupas, de Soubeyran, le docteur Fauvel, la maréchale Pélissier, le comte de Bourbonne, seul descendant des anciens seigneurs du pays, venu en 1884, et enfin le brave et regretté amiral Pierre, qui se maria à Bourbonne, durant un séjour aux eaux et qui est revenu y dormir son dernier sommeil, dans son linceul de gloire.

Nous n'avons garde d'oublier dans cette énumération faite à tout hasard et au courant de la plume, le cher et vénéré doyen des baigneurs de Bourbonne, M. Georges Chevandier (de Valdrôme) qui, depuis plus de quarante ans, revient régulièrement passer l'été dans cette station qu'il affectionne et qui le lui rend bien.

—o—

MONUMENTS ET PROMENADES.— L'établissement thermal civil qui est situé sur la rive droite du ruisseau de Borne, à quelques mètres seulement de l'emplacement des Thermes romains, se compose d'un vaste bâtiment carré comprenant les locaux des services administratifs, les cabinets de douches et de bains de 1re classe et les salons du Casino, de bâtiments annexes occupés par les piscines et cabinets de 2e classe et par la machine à vapeur, et d'un élégant chalet affecté aux services accessoires du Casino. Le tout est construit sur le terrain d'un joli parc, ombragé d'arbres séculaires, qui est la propriété de l'Etat, depuis 1812. A cette époque, l'Etat fit agrandir les bains civils, que le comte d'Avaux, seigneur de

Bourbonne, avait fait rebâtir en 1783.

Le nouvel établissement n'est pas encore tout-à-fait achevé. Il le sera dans un délai de dix-huit mois, c'est-à-dire vers la fin de l'année 1886, par les soins de M. Ferdinand Lepaître à qui l'Etat en a concédé l'exploitation pour une période de 30 années. Le concessionnaire, qui se propose d'y dépenser des sommes considérables, en fera un monument digne de la célèbrité de nos sources. Dès maintenant, tous les services sont parfaitement organisés et l'on peut dire qu'une ère nouvelle de prospérité et de splendeur va s'ouvrir pour Bourbonne.

Il existe actuellement 85 baignoires, 6 piscines, 28 douches fortes, 28 douches faibles, 2 en cercle, 4 ascendantes, 1 en siège et 2 dans les étuves. On délivre chaque année plus de 30,000 tickets de bains et autant de douches ; le nombre des verres d'eau qui s'y consomment est incalculable. La saison thermale s'ouvre le 15 avril, mais on peut suivre un traitement même l'hiver. Le service commence en juin, juillet et août à 4 heures du matin, et les autres mois à 6 heures ; il se termine à 11 heures, et reprend de 2 à 5 heures du soir.

Au Casino, dont l'abonnement est de 30 francs par personne, les étrangers passent agréablement la plus grande partie de leurs journées. Outre l'attrait des réunions intimes sous les grands arbres du parc, ils trouvent là tous les éléments de distraction désirables : concerts, bals, spectacles, jeux de toutes sortes. Un excellent orchestre de 12 à 15 musiciens joue chaque jour dans le parc de midi à 1 heure et demie, et de 4 heures à 5 heures et demie.

Le parc, d'une contenance de 360 ares, est sillonné d'allées en pentes douces qui conduisent, sous des voûtes de verdure, jusqu'au sommet du coteau ; cette petite excursion est la première que font les étrangers : de là, la vue s'étend sur un vaste panorama fermé au loin par les montagnes des Vosges. Qu'ils sont heureux les pauvres baigneurs éclopppés, lorsque, après quelques jours de traitement, ils peuvent, pour la première fois, s'aidant d'une canne ou d'une béquille, gravir les sentiers ombreux qui mènent à cette nouvelle Terre-Promise ! C'est là-haut, dit-on, que les Romains avaient édifié un temple, en l'honneur de la déesse des Eaux. L'emplacement était bien choisi ; chez ce peuple religieux, la première pensée du convalescent qui avait retrouvé la force de faire l'ascension de la colline, devait être un remerciement à la divinité qui avait présidé à sa guérison.

Les sources thermales débitent en moyenne 387 mèt. cubes 197 par jour, dont la répartition se fait entre l'hôpital militaire et l'établissement civil dans la proportion de 5 à 7 : soit 5 / 12 pour l'hôpital militaire. Cette grande quantité d'eau est à peine suffisante pour les besoins actuels de la station et, la clientèle augmentant chaque année, on se préoccupe déjà des moyens d'accroître le débit des sources.

Le système qui semble le plus pratique consisterait à établir de grands bassins pour emmagasiner, au début de la saison, une réserve d'eau suffisante qui formerait appoint aux eaux refroidies du service actuel.

Des études ont été faites il y a quelques années pour savoir s'il ne conviendrait pas d'ajouter 1 ou 2 sondages aux 7 qui existent déjà. Mais tous les ingénieurs sont d'avis qu'il y a avantage à ne pas troubler incessamment le régime des eaux et qu'on doit plutôt s'appliquer aujourd'hui à leur meilleur emploi par la création des bassins de réserve dont nous venons de parler.

M. l'ingénieur en chef des Mines du département écrivait, en effet, dans un rapport daté du 14 mars 1884 :

« L'histoire des travaux de captage montre que tous les sondages sont solidaires ; après chaque nouveau sondage, l'accroissement *total* du débit a été accompagné de la diminution du débit de chacun des sondages préexistants ; toute *amélioration* dans le débit répondait donc, en fait, à une *perturbation* du régime antérieurement établi. »

Et encore est-il bon de faire observer que tous

les nouveaux sondages n'ont pas donné des résultats durables.

En 1858, antérieurement aux sondages, le débit journalier des eaux de Bourbonne était de 250 mèt. cubes (par 24 heures) ; les travaux de MM. Drouot et Délaissement l'avaient porté, en 1862, après le sondage N° 10, à 420 mèt. cubes.

Par la suite, on abaissa le niveau d'émergence des eaux par la création de l'aqueduc de décharge, et l'on fora les sondages 11, 12 et 13 ; en 1875, le débit journalier dépassait 500 m. cubes

Mais dans l'état statistique dressé le 13 juin 1881, l'ingénieur en chef ne constate plus qu'un débit de 435 m. c. ; aujourd'hui en tenant compte de tous les points d'émergence, sondages et sources, on atteint seulement le chiffre que nous avons indiqué plus haut, 387 m. c. 197.

On est donc retombé, d'après les documents officiels, aux environs du débit réalisé dès 1862. La conclusion s'impose : il serait imprudent d'ébranler le sol par de nouveaux travaux.

—o—

HOPITAL MILITAIRE. — Tout à côté de l'établissement thermal civil, se trouve l'hôpital militaire, où nos braves soldats arrivent ponctuellement le 15 mai de chaque année. Le retour des officiers est toujours le gros évènement à Bourbonne ; c'est le prélude des plaisirs de l'été. Hélas ! il faut le dire, Bourbonne n'est point gai en hiver : ses rues inégales et quasi-désertes, le silence morne qui plane sur le quartier des Bains, comme sur une nécropole, les maisons aux volets hermétiquement clos, les grands sapins qui dorment dans la neige, tout cela forme un contraste étrange et lugubre avec l'animation des beaux jours. Les hôtes de l'hôpital militaire sont donc toujours les bienvenus ici ; et puis, voyez-vous, l'uniforme français a toujours ce je ne sais quoi qui remue l'âme ; le vieux chauvinisme qu'on a tant plaisanté, n'est pas mort, Dieu merci ! et plus que jamais nous aimons les pantalons rouges. Les épouvantables désastres de l'année terrible ont passé sur notre armée sans amoindrir son prestige, et la sympathie qu'inspiraient nos soldats a grandi avec leurs malheurs : elle a grandi encore, s'il est possible, aux nouvelles de l'héroïque armée du Tonkin — qui va nous envoyer plus d'un de ses blessés !

La fondation de l'hôpital militaire de Bourbonne remonte à l'année 1732. Au début, il n'y avait que six salles de malades dans cet établissement, situé en entier à l'Est du passage Férat, et les premiers malades qui y furent logés, furent les blessés de Fontenoy (1745).

En 1777, on donna au bâtiment d'habitation, situé sur la rue de l'Hôpital, la longueur actuelle, et, six années après, en 1783, on entreprit la construction des Thermes militaires sur l'emplacement du Bain Patrice, exactement sur les ruines romaines. Jusque-là, les militaires logés à l'hôpital étaient obligés de se rendre à l'Etablissement civil pour y suivre le traitement thermal.

En 1818 seulement, on acheva les Thermes militaires en construisant une salle spécialement destinée aux officiers qui, pendant 35 ans, s'étaient baignés dans la même salle que les soldats.

En 1832, on commença la construction de la caserne S, à l'intersection de la rue des Bains avec la rue de l'Hôpital ; et, en 1865, cette caserne fut transformée en pavillon pouvant contenir 33 officiers et 3 infirmiers.

Jusqu'en 1864, l'hôpital militaire thermal se trouvait en totalité sur la rive droite du ruisseau de Borne ; à cette époque, le service du Génie fit l'acquisition de plusieurs immeubles situés sur la rive gauche, en exécution du décret d'utilité publique promulgué le 28 mai 1864. Ces immeubles furent démolis en 1865, et, sur leur emplacement, on construisit immédiatement un second pavillon pour 45 officiers et 3 infirmiers.

En 1881, on couvrit le ruisseau de Borne entre le pont de la rue Férat et celui de la rue des Bains, puis on utilisa le terrain ainsi conquis sur le ruisseau pour construire les nouveaux réfectoires avec une cuisine à vapeur. Cette nouvelle installation a été mise en service pour la première fois en 1883.

Grâce à ces magnifiques travaux, grâce au commandant Gangloff qui les a commencés et poursuivis, ainsi que ceux qui sont spéciaux à l'installation balnéaire, avec un impeccable talent, l'hôpital militaire thermal de Bourbonne est le plus beau et le plus complet qui existe en France.

On peut y loger 400 malades et 100 infirmiers pour faire le service. Ces 400 places de malades sont destinées à 78 officiers, logés dans les pavillons S et S', et à 322 sous-officiers et soldats.

La saison militaire est de 2 mois. Il y en a 2, ce qui fait un total de 800 militaires soignés annuellement à Bourbonne. La première saison dure du 15 mai au 15 juillet, et la seconde du 15 juillet au 15 septembre.

En ce qui concerne spécialement l'installation balnéaire, elle resta à peu près dans le même état depuis 1818, jusqu'en 1875, époque à laquelle le commandant Gangloff commença les travaux qu'on achève aujourd'hui. On construisit d'abord les bassins réfrigérants qui sont au sommet du jardin de l'établissement civil, et en 1876, à titre d'expérience, on installa, pour les officiers supérieurs, des Thermes dans lesquels, pour la première fois à Bourbonne, on fit usage des baignoires en marbre. Cette expérience ayant réussi, la reconstruction des anciens Thermes militaires a été décidée en 1883.

Ces nouveaux Thermes comprennent deux installations complètement distinctes, l'une pour les officiers, l'autre pour les soldats.

Cette année même (1885) le service des officiers commence à fonctionner dans la nouvelle installation. Quant au bâtiment destiné aux soldats, dont la construction n'a été commencée qu'après le 15 septembre 1884, il ne pourra être mis en service qu'en 1886.

—o—

PROMENADE D'ORFEUIL. — A peu de distance de l'établissement thermal civil, sur la rive droite du ruisseau de Borne, se trouve une jolie place entourée d'une double rangée de tilleuls : c'est la promenade d'Orfeuil qui fut créée au siècle dernier par un intendant de la province de Champagne, dont elle a gardé le nom. Elle est fréquentée par les étrangers qui ne tiennent pas à se mêler à la foule mondaine du jardin des Bains. Elle offre aux parents des bancs et de l'ombrage, et aux enfants un grand espace libre pour leurs ébats. Presque toutes les maisons qui environnent cette place sont aménagées pour recevoir des étrangers.

Pendant la quinzaine qui précède et suit le 15 août, jour de la fête patronale de Bourbonne, la promenade est occupée par les marchands forains et une foule d'entrepreneurs de divertissements variés.

Elle présente alors une animation des plus pittoresques.

—o—

L'ÉGLISE. — L'Eglise, dont la construction remonte au XIIe siècle, ainsi que l'atteste le melange de plein-cintre et d'ogive qui caractérise son architecture, est située au centre de la ville sur une hauteur qui domine tout le quartier sud. Ses deux portes d'entrée s'ouvrent sur la place principale de Bourbonne.

Ce monument eut beaucoup à souffrir d'un incendie considérable qui, en 1717, détruisit la plus grande partie de la ville. Un maçon quelconque répara le dommage, sans tenir compte du style de l'édifice. Heureusement, en 1875, la commission des monuments historiques estima que cette église, vieille de 6 à 7 siècles, méritait les honneurs d'une restauration, qui fut confiée par le gouvernement à un architecte de talent, M. de Baudot, aujourd'hui inspecteur des monuments historiques.

Telle qu'elle est, la Notre-Dame de Bourbonne est plutôt intéressante par les grandes lignes de son

R.F.

architecture, que par l'exécution des détails, généralement peu soignés, si ce n'est, peut-être, dans les décorations de la porte romane située dans la façade nord.

Les orgues, qui sont neuves, ont été fournies par un des bons facteurs de notre époque.

Le service du culte est fait par un curé, assisté de deux vicaires.

Pendant toute la saison thermale, une messe spéciale pour les baigneurs, est célébrée le dimanche à 11 heures 1/2. Cette messe est très-courte. Les artistes, que la saison des eaux amène à Bourbonne, s'y font fréquemment entendre.

—o—

LE CHATEAU. — La construction du château date de l'an 612. C'était un château-fort, avec tours, donjons, souterrains et fossés, qui joua son rôle dans les guerres du moyen-âge. Il ne reste aujourd'hui plus rien de tout son appareil guerrier.

La maison d'habitation est une construction moderne, sans style particulier, bâtie au milieu d'un très-joli petit parc, d'où l'on jouit d'une vue agréable sur Bourbonne, sur la vallée de Borne et sur celle de l'Apance, grâce aux jours qui ont été ouverts avec art dans le feuillage.

Ce qui fait le grand charme de cette propriété, c'est sa situation exceptionnelle au centre de la ville, qu'elle domine de trois côtés et dont elle est isolée, sur son quatrième côté, par ses murailles et par de grands arbres.

Son propriétaire actuel, M. Chevandier, en permet gracieusement l'accès aux visiteurs — et ils sont nombreux !

—o—

L'ÉCHELETTE. — Le château est sur la rive droite de l'Apance. En face, sur la rive gauche, au-dessus de la gare, se trouve une petite promenade, qu'on appelle l'Echelette, d'où l'on voit Bourbonne, sous un aspect différent, qui n'est pas moins curieux. Il est peut-être prétentieux de décorer du nom de *promenade*, le chemin rocailleux et mal entretenu qui conduit dans les champs du coteau de l'Echelette ; mais cela n'importe guère. La vue y est très-pittoresque et nous recommandons ce petit voyage *extra-muros* à nos lecteurs.

—o—

MONTMORENCY.— La promenade de Montmorency — une vraie, celle-là ! — située au nord de Bourbonne, est plantée d'arbres séculaires d'une splendide venue qui couvrent de leur ombre immense les sombres allées ouvertes dans le taillis.

Avant l'établissement du Stand, qui avoisine Montmorency, cette promenade si belle, si agréable, était absolument délaissée. On n'y rencontrait de loin en loin que quelque troupier rêveur, ou, *schocking !* quelque buveur pressé, très-pressé, retour de la fontaine Maynard.

Laissez-nous, à ce propos vous raconter une histoire ; mais ne la répétez pas : elle nous ferait du tort.

Il y a longtemps, bien longtemps, la garde de Montmorency était confiée à un vieux grognard, jaloux de son devoir. Qui ne se rappelle à Bourbonne le légendaire père Roux, la terreur des enfants, le modèle des gardes-champêtres, la sécurité des allées écartées ? Certain brigadier de cuirassiers s'était un jour réfugié au pied d'un arbre, *sub tegmine fagi* ; quiconque l'eût vu de loin, eût pu croire que, disciple de Flore, il faisait la cueillette des fleurs printanières ; le père Roux veillait, lui ! Lorsque le brigadier se releva, il vit se dresser devant lui une ombre fantastique ; c'était le grognard qui avait flairé la contravention : inutile de feindre, le corps du délit était là, le cas était indéniable: « Vous connaissez les règlements sur le service en campagne, hurla le terrible bonhomme; *celui qui place les sentinelles, les relève !..* » Le délinquant essaya de fuir, mais une main vigoureuse l'avait saisi au collet, et bon gré, malgré, il fallut exécuter la consigne. Pauvre père Roux ! ses histoires ont fait la joie de nos pères : qu'il dorme en paix ! Sa chère promenade est aujourd'hui respectée, et si son ombre vient errer le soir aux abords du labyrinthe, elle doit être contente !

Montmorency est aujourd'hui le rendez-vous charmant des promeneurs qui, par les chaudes journées d'été, recherchent la fraicheur des ombrages. Les poëtes et les rêveurs y trouvent aussi leur compte :

« En la bémol, en ut, en si,
L'oiseau chante à Montmorency ! »

Cette promenade fut créée en 1720, dans le style et par un élève de Le Nôtre. Elle appartenait à un riche munitionnaire des armées du roi, Pavée de Vandœuvre, qui avait acheté le terrain au seigneur de Bourbonne et qui vendit quelques années plus tard sa belle propriété au duc de Montmorency-Laval.

On reproche au parc de Montmorency, et non sans quelque raison, d'être trop frais en certaines saisons. Il serait bon d'élaguer le taillis, peut-être de sacrifier quelques grands arbres, dût la tradition en souffrir ! pour permettre la libre circulation de l'air.

Tout change et se transforme suivant les besoins des époques. Les seigneurs et les grandes dames qui, au siècle dernier, minaudaient sous les lambris du château de Montmorency avaient d'autres goûts et d'autres mœurs que les nôtres ; il leur fallait des bosquets mystérieux, des retraites solitaires où ils vinssent rêver en liberté, nous allions dire *flirter*, mais le mot, sinon la chose, n'existait pas encore. Aujourd'hui on fait l'amour, comme on voyage, à la vapeur ; les bosquets sont devenus inutiles, les madrigaux ne sont plus de saison et les galantins sont allés rejoindre, dans l'oubli éternel, les madrigaux et les vieilles lunes. Ce qu'il nous faut, à nous, dans une promenade, ce n'est plus la solitude, ce n'est plus le mystère, c'est la société, la franche gaité, la vie !

Qu'on n'hésite donc pas à rajeunir notre vieux Montmorency !

—o—

LE STAND. — Il existe à Bourbonne une Société de Tir et de Gymnastique, qui compte environ 200 membres. M. Borssat, maire de Bourbonne, en est le président. Cette société, dont le but est tout patriotique, a acheté les terrains qui bordent l'allée du Nord de Montmorency, et elle y a construit, à grands frais, un Stand qui passe, à juste titre, pour un modèle du genre. C'est l'un des mieux aménagés et des plus fréquentés de toute la frontière de l'Est.

Il comprend :

2 cibles, à 200 mètres, pour le fusil Gras ;

2 cibles, à 130 mètres, pour carabines de précision :

2 cibles, à 55 mètres, pour fusils de chasse et de tir de tous systèmes ;

1 sanglier mobile, qui passe à 35 mètres ;

1 ball-trap, et des cibles pour pistolets, revolvers et armes Flaubert.

Les tireurs peuvent apporter leurs armes et leurs munitions, ou se servir de celles du Stand.

Chaque année, au cours de la saison thermale, il est institué de grands concours à toutes armes, qui durent plusieurs semaines. La valeur totale des prix varie de 3 à 4,000 francs. Aussi ces concours sont-ils assidument suivis ; ils attirent à Bourbonne une grande affluence de tireurs, et beaucoup de baigneurs, civils et militaires, y prennent part.

Les baigneurs sont admis à faire partie de la Société, à titre de membres temporaires, pendant toute leur saison, quelle qu'en soit la durée, moyennant une cotisation de 5 francs. Les munitions leur sont fournies, aux prix du tarif. On peut s'exercer librement en dehors des jours de concours.

Les officiers et les sous-officiers jouissent de l'entrée gratuite.

Un joli jardin, où les dames se reposent pendant que leurs maris s'exercent au tir, est annexé au Stand.

Enfin, une buvette très-bien tenue et pourvue des meilleures consommations, complète très-agréablement ce bel établissement.

Le Stand est ouvert tous les jours de 8 heures à midi, et de 2 à 6 heures.

—o—

LA FONTAINE MAYNARD.— Bourbonne ne possède pas seulement des eaux chaudes. La généreuse Nature lui a encore donné une source minérale froide, dont les eaux analogues à celles de Contrexéville et de Vittel, opèrent des cures remarquables.

Cette source appartient à un habitant de Bourbonne, M. Maynard, dont elle a pris le nom.

Elle jaillit, à un petit kilomètre de la ville, dans un agréable et coquet petit bois, planté au milieu des prairies de l'Apance. Deux routes y donnent accès, celle de Lamarche et celle qui fait suite à la rue des Capucins. On peut partir par l'une et rentrer par l'autre, ce qui constitue une agréable promenade, assez courte pour ne pas produire la fatigue, assez grande pour être un bon exercice d'hygiène.

Le captage en a été fait par M. Maynard père, l'analyse par M. Ossian Henry (1859) qui a classé ses eaux parmi les eaux *sulfatées-calcaires-magnésiennes*.

Elle est sujette, ainsi que toutes les sources froides, à varier dans son débit.

Les eaux de la source Maynard sont employées avec succès dans la *dyspepsie*, la *constipation*, les *maladies des voies urinaires*, la *goutte*.

Elles peuvent être employées concurremment avec les eaux de Bourbonne et compléter avantageusement, dans certains cas, les effets de celles-ci.

Elles sont légères, agréables, fraîches, faciles à digérer. La dose ordinaire varie de un à six verres. Mais on ne peut pas établir de règle générale. Il faut tenir compte du tempérament des malades. Ainsi, on nous cite un M. X··· (de Reims) qui prétend n'en obtenir de bons effets qu'à la dose de 15 à 16 verres (ce qui prouve déjà combien elles sont faciles à digérer). tandis que M. A··· (de Paris), qui éprouvait de grandes difficultés pour uriner, avait assez d'un ou deux verres, pour que cette fonction lui devînt très-facile.

Les médecins recommandent d'aller à la source lentement et d'en revenir de même.

D'où vient cette source?

De la côte de Refromont, disent les uns; de la côte Betey, disent les autres.

Au fond, cela n'importe guère; on pourrait lui appliquer cette devise d'une vieille famille française :

Fons ignotus, virtutes cognitæ!

M. Maynard a coquettement arrangé sa petite propriété; il a eu l'heureuse idée d'y construire un promenoir couvert qui, en cas de pluie, peut abriter un grand nombre de personnes.

RENSEIGNEMENTS

De la Gare à la Ville

Il y a des omnibus à l'arrivée et au départ de chaque train. Les uns sont affectés au service spécial des principaux hôtels; les autres font le service de la ville, au tarif de 0 fr. 30, par place, sans bagages, et de 0 fr. 50 avec bagages.

Hôtels

GRAND HOTEL DES BAINS, rue des Bains, tenu par A. Lacordaire.

HOTEL DU COMMERCE, Grande Rue, tenu par L. Hérard;

HOTEL DE L'EST, Grande Rue, tenu par Barbier.

HOTEL DE L'EUROPE, place la Gare, tenu par Auguste.

HOTEL DE LA PLACE, place de l'hôtel-de-ville, tenu par Mme Vve Foursin.

Les prix varient avec l'importance de ces hôtels et le confortable qu'on y trouve.

Maisons Meublées

(*Logement et nourriture*)

Maison *BEAURAIN*, place des Bains.
— *MOISSON*, rue de l'Hôpital.
— *BERTHE*, place des Bains.
— *BERNARDIN*, rue des Bains.
— *THIBAUT-GAUMET*, rue d'Orfeuil.
— *AUBERT*, Grande Rue.
— *DASSIER*, rue des Bains.
— *CHAPELLE*, rue d'Orfeuil.
— *HAUSSER*, rue Vellonne.
— *JOUVERNAUX*, Grande Rue.
— *CARPENTIER*, Grande Rue.
— *LABARRE*, rue d'Orfeuil.
— *RICHET*, rue d'Orfeuil.
— *Vve MOISSON*, rue du Haut-de-Craie.
— *Vve BOURLOT*, rue Férat.

Comme pour les hôtels, il est impossible d'indiquer un prix.

Chambres et appartements meublés

On trouve en ville une grande quantité de logements avec ou sans cuisine; le prix de chaque chambre varie de 1 à 5 francs par jour; les appartements les plus chers sont de 15 à 20 francs par jour.

Consulter les annonces du Journal **LA SAISON THERMALE**, *ainsi que pour les hôtels et les maisons meublées.*

—o—

Noms et adresses des Médecins de Bourbonne

MM. Balley père, rue Porte-Galon
Balley fils, id.
Bézu id.
Bougard rue Vellonne
Bouvier id.
Cabasse rue de l'Hôpital
Cabrol id.
Causard rue du Haut-de-Craie
Magnin (inspecteur-adjoint), place du Marché.
Mercier rue de l'Hôpital
Renard (inspecteur honoraire) rue des Capucins.

—o—

Etablissement thermal civil

Service balnéaire

Durée de la saison.— L'établissement de 1re classe est ouvert toute l'année.

L'établissement de 2me classe est ouvert seulement du 15 avril au 1er Octobre.

Séries des bains et des douches.— Du 15 avril au 20 juin, on peut prendre son bain et sa douche dans l'une des 3 séries suivantes :

1re série, de 6 h. à 7 h. 1/2 du matin
2e — de 7 h. 1/2 à 9 h. —
3e — de 9 h. à 10 h. 1/2 —

Du 20 juin, au 1er Octobre, il y a 4 séries :

1re série, de 4 h. à 5 h. 1/2 du matin
2e — de 5 h. 1/2 à 7 h. —
3e — de 7 h. à 8 h. 1/2 —
4e — de 8 h. 1/2 à 10 h. —

Dans la saison d'hiver, les baigneurs s'entendent

avec le Receveur-comptable pour le choix de l'heure qui leur convient. On peut, en outre, prendre son bain ou sa douche, l'après-midi, de 2 à 4 heures, mais seulement lorsque le service l'exige, c'est-à-dire lorsque ce service du soir est assuré à l'avance pour un nombre suffisant de baigneurs.

Les prix du tarif que nous donnons ci-après ne varient pas, quelle que soit l'heure de la série attribuée.

Guichet, distribution des tickets.— L'ancien système de distribution de cartes est supprimé, excepté en ce qui concerne les bains gratuits. Le service de la comptabilité et du contrôle est très-simple. Tous les jours le guichet du Receveur-comptable (à gauche de la grande porte d'entrée) est ouvert de 6 h. à 10 h. du matin et de 2 à 4 h. du soir. Les baigneurs ne sont plus astreints à s'y présenter chaque fois qu'ils veulent prendre un bain ou une douche. Ils peuvent se faire délivrer à l'avance le nombre de tickets qu'ils désirent. Il y a des tickets de différentes espèces pour bains en baignoire, en piscine, douches de toutes sortes, étuves, bains de bras, etc...Ces tickets ne portent pas de date et sont valables pour toute la saison.

Il n'existe qu'un seul guichet de distribution pour les établissements de 1re et de 2e classes.

Il est tenu par M. Gouthière, receveur-comptable, à qui l'on doit s'adresser pour tous les renseignements.

Formalités à remplir pour suivre le traitement.— Le baigneur qui veut commencer son traitement, doit, comme nous venons de le dire, se présenter au guichet du receveur comptable, de 6 à 10 h. du matin, ou de 2 à 4 h. du soir. Il indique son nom, sa profession ou qualité et sa demeure à Bourbonne, rue et numéro. Il se fait délivrer, au prix du tarif, un certain nombre de tickets, provision qu'il renouvellera lorsqu'elle sera épuisée. On lui présente le tableau indiquant les cabinets disponibles dans chaque série, et il choisit son cabinet et sa série. Il n'a cependant le droit de choisir ainsi, que s'il prend à la fois 8 ou 10 tickets au moins.

Cela fait, lorsqu'il veut prendre un bain ou une douche, il se présente, muni du ticket ou des tickets nécessaires, au surveillant général ou à la surveillante, s'il s'agit d'une dame. Le surveillant coupe et poinçonne le ticket et conduit le baigneur auprès du servant qui est affecté à son service.

La durée totale du bain et de la douche ne doit pas dépasser 1 h. 1/2. Si cependant un malade avait besoin d'occuper plus longtemps un cabinet, il paierait un supplément.

Si un baigneur laisse, sans avoir fait prévenir, dépasser d'un quart d'heure, l'heure initiale de sa série, son cabinet peut être mis à la disposition de toute autre personne, et le baigneur retardataire est obligé d'attendre qu'un autre cabinet devienne libre.

Si un baigneur reste deux jours de suite sans jouir de son cabinet, celui-ci est mis définitivement à la disposition d'une autre personne.

Les cabinets destinés aux bains sulfureux sont situés dans l'établissement de 2e classe. Les bains sulfureux ne sont donnés que dans la *matinée*, aux mêmes heures que les autres bains.

Registre des réclamations.— Un registre de réclamation est à la disposition des baigneurs. Il est entre les mains de M. Gouthière, receveur-comptable. Toute personne qui a des plaintes à formuler soit contre le service en général, soit contre tel ou tel employé, peut les y inscrire sous sa signature. Il est scrupuleusement tenu compte de toutes les plaintes légitimes.

Salle de consultation.— La salle du bureau d'administration est à la disposition des médecins qui peuvent s'y tenir et y recevoir leurs malades.

Utilité de consulter un médecin.— Quelques malades s'abstiennent par esprit d'économie, de consulter un médecin de la station. C'est un tort. Nous donnons à nos lecteurs dans l'intérêt de leur santé le conseil de ne pas s'en rapporter à eux-mêmes ni aux médecins étrangers à Bourbonne pour suivre leur traitement. Les eaux, mal appliquées, peuvent faire du mal. En outre, elles peuvent ne pas convenir à certains tempéraments, et il n'y a pas de meilleur juge que le praticien de Bourbonne Le présent avis, tout-à-fait désintéressé, mérite d'être pris en considération.

Tarif

GRAND ÉTABLISSEMENT de 1re CLASSE

	Etrangers	*Habitants*
Bains en baignoire	2. 00	1. 00
Douches ordinaires de 10 min. et au-dessous	2. 00	1. 00
Douches supplémentaires de 5 min. sans fraction	0. 75	0. 40
Douches à haute pression ou en pluie, de 10m. et au-dessous	2. 50	1. 25
Douches en cercles	3. 00	1. 50
Douches ascendantes	0. 50	0. 25
Etuves	1. 00	0. 50

(Tout ticket de bain ou de douche donne droit à 1 peignoir et 2 serviettes)

PETIT ÉTABLISSEMENT, 2e CLASSE

Bains en baignoire	1. 00	0. 50
Bains en piscine	0. 65	0. 30
Douches de 10 m. et au-dessous	1. 00	0. 50
Douches supplémentaires de 5 min. sans fraction	0. 50	0. 25
Douches à haute pression ou en pluie	1. 50	0. 75
Douches ascendantes	0. 40	0. 20

(Tout ticket de bain, de baignoire, de piscine et de douche donne droit à 1 peignoir et à 1 serviette)

DANS LES DEUX ÉTABLISSEMENTS

Bains de pied	0. 30	0. 15
Bains de bras	0. 30	0. 15

POUR ÉTRANGERS ET HABITANTS

Matelas de douche	0. 25
Fonds de bain	0. 25
Drap de douche	0. 10
Peignoir chaud	0. 15
Peignoir froid	0. 10
Peignoir en laine	0. 35
Serviette chaude	0. 10
Serviette froide	0. 05
Sachet de son	0. 30

VENTE D'EAU

En fût de 2 hect. 30 pour bain pris à domicile 0 fr.50

En bouteille de 1 litre 0 fr. 10 ; pour la bouteille, 0 fr. 25 ; pour la capsule et le bouchon, 0. fr. 15.

Pour prendre sur place l'eau en boisson les baigneurs paient un abonnement de 10 francs pour la saison de 30 jours.

Casino

Le prix d'abonnement pour la saison de 30 jours est de 30 francs, par personne. Il est fait aux familles qui se composent de plus de 2 personnes, une réduction de 20 0/0.

Les abonnés ont le droit d'assister gratuitement à tous les concerts, spectacles et bals qui sont donnés pendant la saison; l'administration se réserve cependant la faculté de suspendre l'abonnement, dans quelques cas tout-à-fait exceptionnels.

Concerts dans le parc, à partir du 1er juin tous les jours, de 11 heures 1/2 à 1 heure, et de 4 heures à 5 heures 1/2. Bals, tous les jeudis et dimanches soirs. Théâtre, 2 fois par semaine.

Les 3 autres soirées de chaque semaine sont consacrées à des concerts ou à des spectacles divers.

En outre, le Casino offre des jeux et des distractions de toutes sortes.

Les chaises du parc sont réservées aux abonnés. Les personnes non abonnées peuvent s'en servir moyennant un droit de location non encore fixé au moment où nous mettons sous presse.

Postes et Télégraphes

Receveur : M. SPITZ.

Bureau. — Le bureau est situé sur la place de l'Hôtel-de-Ville. Il est ouvert tous les jours, même le dimanche et les jours fériés, de 7 heures du matin à 9 heures du soir.

Arrivée des Courriers et distribution des dépêches. — Il arrive 3 courriers par jour : à 5 heures du matin, de Paris ; à midi, de la direction de Dijon-Gray ; à 4 h. du soir, de Paris ; les distributions ont lieu à 6 h. du matin, à 1 h. et à 5 h. du soir. Toutefois, le dimanche, il n'y a pas de distribution à 1 heure.

Départs des Courriers et Levées des boîtes. — Il y a 3 départs des dépêches par jour :
à 1 h. du soir, pour Chaumont, Langres, et la ligne du Midi par Gray ;
à 5 h. du soir, pour la direction d'Avricourt ;
à 9 h. du soir, pour Paris et toutes les directions.

Les levées ont lieu :
à la boîte du bureau, à 12 h. 35, à 3 h. 45 et à 8 h. 25 ; aux boîtes de la ville, à 11 h. 50 du matin, et à 7 h. 35 du soir, les levées de la boîte de la gare se font 5 minutes avant le départ de chaque train.

Emplacements des boîtes de la ville. —
1° A la gare ;
2° Coin de la rue Férat et de la Grande Rue ;
3° Coin de la Grande Rue et de la rue de Borne ;
4° place des Bains ;
5° Coin de la rue Vellonne et de la rue d'Orfeuil ;
6° Coin de la rue des Capucins, et de la rue du Moulin.

CULTES

—o—

Culte Catholique

Depuis le mois de mai jusqu'au mois de septembre, l'église paroissiale et le clergé résidant sont, autant que le permettent les besoins de la paroisse, à la disposition des personnes qui font usage des eaux et de celles qui les accompagnent.

Outre les messes nombreuses qui sont dites chaque jour, par suite de la présence de prêtres étrangers, il en est dit une spéciale à onze heures et demie, en faveur des baigneurs, les jours de dimanche et de fête obligatoire.

Culte évangélique

Temple : rue de Monlétang.
Un ministre est chargé du culte

Culte israëlite

Synagogue : rue des Capucins.
Les cérémonies du culte ont lieu le vendredi soir et le samedi comme partout. Les fidèles trouveront une *table* chez M. le ministre officiant.

Instruction

La ville possède, pour les deux sexes, de magnifiques écoles communales dans lesquelles les jeunes gens peuvent, au gré de leurs parents, recevoir des leçons de français, de mathématiques, etc......

Il existe également à Bourbonne une institution secondaire dirigée par M. Etienne, où les enfants peuvent recevoir d'excellentes leçons, et un pensionnat de jeunes filles dirigé par Mlle Lalance.

Bibliothèque de la ville

—o—

Il existe au 1er étage de l'hôtel-de-ville, une belle bibliothèque qui comprend 3784 volumes,

Elle est ouverte au public, pendant la saison d'hiver les *mercredi*, et *dimanche* de 2 à 4 heures, et, pendant toute la saison thermale (du 1er mai au 15 Septembre) les *mardi*, *jeudi* et *dimanche* de 2 à 4 heures.

Les baigneurs sont autorisés à emprunter des livres. Ils peuvent emporter 2 volumes à la fois, et ne doivent les garder que 10 jours ; si cependant ils désirent les conserver plus longtemps, ils en préviennent le bibliothécaire qui peut leur accorder un délai.

Service des petites voitures

Entreprise Jacob

Les malades peuvent se servir, pour aller au bain et en revenir, ou encore pour faire des courses dans la ville ou des promenades à l'extérieur, des petites voitures, dites tricycles, de l'entreprise Jacob.

Les prix de la course varient naturellement suivant la distance. Les promenades se paient à l'heure.

La ville est divisée en 3 zones, ainsi qu'il suit :

1re Zone — Environs de l'établissement thermal, sur un rayon de 100 à 150 mètres. Limites : rue de l'Hôpital, maison Moisson ; rue des Bains, hôtel des Bains ; rue d'Orfeuil, maison Préchey.

Course simple, 0fr.40
Aller et retour, 0fr.60

2e Zone — La partie de la ville comprise entre l'établissement civil, l'intersection de la rue de Borne et de la rue de l'Hôpital, l'hôtel de l'Est, dansla Grande Rue; la maison Maynard, dans la rue Vellonne, la promenade d'Orfeuil et l'intersection de la rue de Coiffy avec la rue de Montlétang.

Course simple, 0fr.60
Aller et retour, 0fr.80

3e Zone. — Tout le reste de la ville.

Course simple, 0fr.70
Aller et retour, 1fr.00

Promenade

L'heure	1fr.50
Une heure et demie . .	2fr.00
Deux heures	2fr.50
Trois heures	3fr.50

Bureaux

Le bureau du percepteur de Bourbonne, préposé payeur, est situé à l'intersection de la rue du Bassigny avec la rue des Ecoles. Il est ouvert tous les jours, de 9 h. du matin à midi, et de 2 h. à 4 h. du soir, excepté les dimanches, jours fériés et les deuxièmes lundi et samedi de chaque mois.

Le bureau de l'enregistrement, situé avenue de Montmorency, est ouvert tous les jours, aux mêmes heures que ci-dessus, excepté les dimanches et les jours fériés.

Source Maynard

La propriété Maynard est ouverte du 1er juin au 15 septembre ; le droit d'entrée est de 0,25 par personne pour la journée entière. Les enfants au-dessous de 12 ans ne paient pas. Les serviteurs ne paient pas, à moins qu'ils n'accompagnent seuls des enfants. Le droit d'entrée permet de consommer sur place, mais ne permet pas d'emporter de l'eau sans la payer.

Le prix de l'eau à emporter est de 0 fr. 10 pour la bouteille ou son équivalent.

Loueurs de voitures

MM. Louis Picard,
Silvestre,
Collin-Lassalle,
Fèvre-Jacquin,
Bailly,
Petitot,

Le Journal « La Saison Thermale »

Le Journal « *La Saison Thermale* », qui parait tous les jours, donne la liste officielle et complète des baigneurs, les programmes de tous les concerts et spectacles, et tous les renseignements utiles qui ne peuvent trouver place dans le présent ouvrage. En vente chez M. Humbert, libraire, au prix de 0,10 le numéro. Les baigneurs qui le désirent, peuvent le recevoir à domicile.

DEUXIÈME PARTIE

ENVIRONS DE BOURBONNE

I

Le Plateau des Bruyères de Mont

(Distance, aller et retour : 18 kilomètres)

Je rencontrai, un jour, un baigneur de ma connaissance, à la veille de son départ : «Eh bien, lui dis-je, vous qui êtes amateur de belle nature, que pensez-vous des environs de Bourbonne? Avez-vous visité nos sites? avez-vous admiré nos vues? emportez-vous quelques croquis?— Quels croquis? quelles vues? quels sites? répondit mon ami de l'air d'un homme qu'on réveille brusquement — Morimond, Châtillon, repris-je, Coiffy, Cherlieu, le plateau des Bruyères, et tant d'autres.— Connais pas.— Alors qu'avez-vous fait ici?— J'ai pris trente bains, autant de douches.— D'accord, mais quelles promenades, quelles excursions?...»

Mon ami n'avait jamais dépassé la place de la gare et il apprit avec un réel chagrin qu'il aurait pu satisfaire ici ses goûts artistiques et passer bien des heures agréables en parcourant une contrée qui, par sa richesse, sa végétation, ses accidents, ses surprises, ses souvenirs, peut rivaliser avec celles qu'il avait le plus admirées en France et ailleurs.— «Eh ! je le sais, continuai-je, personne n'a pris soin de la faire connaître ; il n'existe pas de livre qui guide les étrangers à travers nos bois et nos coteaux ; les Bourbonnais eux-mêmes semblent ignorer les beautés de leur pays, pays adorable où la verdure semble ensoleillée, où l'arboriculture est centenaire, où sous chaque chêne jaillit une source, où sous chaque pierre repose un souvenir, où l'on vit autant par l'âme que par le corps, tellement sa nature est grandiose ! Aussi bien, qui vous presse ? retardez d'un jour votre départ, et laissez-moi vous conduire demain au plateau des Bruyères, un des sites les plus attrayants de notre pittoresque contrée.»

Le lendemain matin, à cheval, nous suivions la jolie route des Vosges ; à quelques cents mètres avant d'arriver au village de Mont, sur notre gauche, je désignai à mon ami une crête rocailleuse et dénudée : « C'est là-haut lui dis-je, suivez-moi ! » Je pris un sentier dans les vignes et nous gravîmes à travers les pierres roulantes, les flancs escarpés du coteau. Un quart d'heure après, nous étions arrivés : « C'est merveilleux ! » s'écria mon compagnon.

Entouré de trois côtés par des bois touffus, le plateau était couvert dans toute son étendue de chèvrefeuilles et de bruyères en fleurs; une pluie d'orage était tombée pendant la nuit ; les rayons du soleil levant faisaient scintiller les gouttes d'eau suspendues aux fleurs ; les oiseaux, secouant joyeusement leurs ailes encore humides, sautaient de branche en branche ; on entendait dans le bois le bruissement de la feuille sous les caresses de la brise, et, pendant que nos chevaux essoufflés respiraient bruyamment, nous admirions dans le lointain les cîmes superposées des Vosges et les sommets aux teintes violettes du Ballon d'Alsace ; puis, par dessus-tout cela, le beau ciel du Bassigny !

J'avais soulevé un coin du voile qui cachait aux yeux de mon ami les splendeurs de nos environs.

C'est en triomphant dans mon amour-propre de Bourbonnais que je l'arrachai à la contemplation de ces belles choses; nous cueillîmes un énorme bouquet de bruyères et reprîmes par les bois le chemin de la ville.

Une large allée s'ouvrait devant nous sous le feuillage des chênes ; vingt minutes de trot et nous étions à Serqueux ; de là, rendant la main à nos chevaux, nous rentrâmes à Bourbonne pour l'heure du déjeuner, à la grande satisfaction de nos montures et pour le plus grand soulagement de notre assiette endolorie. Un robuste appétit couronna la fête.

Le soir, Monsieur X. prit le train, désolé de n'avoir pas su employer son temps à Bourbonne.

II

Arnoncourt. — Fresnoy. — Morimond

(Distance, aller et retour : 29 kilomètres)

La route la plus courte, pour se rendre aux ruines de l'antique abbaye de Morimond, est celle qui passe par Arnoncourt, la vallée du Roteux et Fresnoy.

De Bourbonne à Arnoncourt, on remonte par la riante vallée des Moulins, le cours de l'Apance, petite rivière qui prend sa source à Labondice, sur le territoire de Larivière, coule d'abord du *nord* au *sud* puis de l'*ouest* à l'*est*, passe à Arnoncourt, à Bourbonne où elle reçoit le ruisseau de Borne, à Villars-saint-Marcellin, à Fresnes, à Enfonvelle d'où, à peu de distance, elle entre dans le département des Vosges, pour se perdre bientôt dans la Saône, à Châtillon. L'Apance reçoit un grand nombre de petits ruisseaux qui, au moment des grandes pluies, y déversent impétueusement toutes les eaux des coteaux voisins et causent souvent des inondations et de grands ravages.

Arnoncourt est un village de vignerons qui remonte à une assez haute antiquité puisqu'il en est fait mention dans des titres de 1198. Son histoire n'offre rien de remarquable, sinon que sa proximité du château-fort d'Aigremont lui valut d'être cent fois pillé et dévasté pendant les guerres du moyen-âge. Cette commune possède deux sources ferrugineuses, peu connues, mais très-justement estimées des habitants d'Arnoncourt et des populations voisines.

La vallée du Roteux que l'on remonte, au sortir du village, est une des plus gracieuses promenades des environs de Bourbonne. Aussi, malgré la côte rapide qu'il faut gravir, on arrive à Fresnoy, sans s'apercevoir de la longueur de la route.

Fresnoy est un ancien village qui appartenait jadis aux seigneurs d'Aigremont. Son église, où l'on pénètre par un porche en ogive, possède deux pierres tombales très-remarquables par les sculptures dont elles sont ornées; elles abritent les restes de quelques anciens seigneurs de la maison de Choiseul. Sur la première sont représentés, dans le costume des chevaliers, messires Jehan et Anthoine, morts, celui-ci en 1560, Jehan en 1561. Sur la seconde, qui est mutilée, on voit Anne femme de Jehan, morte 1548. Ces deux pierres tumulaires, qui servent de pavé au sanctuaire, sont dignes d'être relevées et d'être protégées contre toute mutilation nouvelle. Cette église possède en outre, une magnifique tête en argent massif, de grandeur naturelle, qui renferme le crâne de Sainte-Ursule. Ce reliquaire et sa relique viennent de l'abbaye de Morimond ; les touristes qui désireront les voir, devront s'adresser à M. le curé de Fresnoy, dont la demeure est située en face de l'église.

Il y a quelques années, presque toutes les maisons particulières de Fresnoy renfermaient encore des meubles et des objets ayant appartenu à la célèbre abbaye cistercienne ; les baigneurs amateurs d'antiquités et de souvenirs ont enlevé à peu près tout ce qu'il y avait d'intéressant dans ce village. Il paraît cependant que, dans certaines familles, il serait possible de trouver encore quelques menues parcelles de l'héritage des moines.

Une grande voie romaine passe sur le territoire de Fresnoy, et, près de cette chaussée, à 1 kilomètre environ de la commune, se trouve un petit marais appelé la *Nonnerie* dont le fond est, dit-on, pavé. Il existe encore près de ce marais, des constructions qui, si l'on en croit la tradition, faisaient partie d'un couvent de femmes.

Les vestiges de *Morimond* sont situés à un quart de lieue de Fresnoy. C'est dans un ravissant vallon, à quelques pas de la route, que s'élèvent les débris de la porte d'entrée du monastère, témoins muets de la grandeur et de la ruine d'une illustre maison.

L'abbaye de Morimond, qui fut fondée au commencement du XIIe siècle par Saint-Etienne, de l'ordre de Cîteaux, ne tarda pas à prospérer au point de fonder bientôt à son tour et de garder sous sa dépendance plus de sept cents monastères.

Pour bien comprendre quelle fut la grandeur de la mission des moines à cette époque barbare, il faut se rappeler qu'au XIIe siècle l'élément guerrier et chevaleresque absorbait totalement les forces et les ressources du royaume. L'ignorance et la force brutale régnaient en souveraines sur le monde, l'agriculture était délaissée, la science méprisée ; c'est à ce moment que les moines, descendus des hauteurs des Alpes, résolurent de consacrer leurs journées à l'agriculture et leurs nuits au travail, et,tour à tour, défrichant les terrains et déchiffrant les manuscrits, préparèrent la richesse de la France et l'instruction du monde.

En même temps, ils soulageaient les infortunes que produisait la guerre, ils donnaient un abri et du pain à des milliers de pauvres jetés sur les chemins par les caprices de la tyrannie féodale. On estime à plus de cinq cents le nombre des pauvres que les moines de Morimond faisaient vivre journellement, et ce chiffre s'augmentait considérablement dans les années de disette et de famine.

Aux mœurs dépravées, aux goûts sauvages, aux brigandages et aux crimes des seigneurs, les religieux opposèrent l'exemple d'une vie douce, charitable et laborieuse ; en présence du *droit de rançonner* les voyageurs que les seigneurs comptaient au premier rang des prérogatives féodales, les moines pratiquèrent l'hospitalité la plus large. A cette époque mémorable de leur histoire, ils furent les vrais précurseurs de la Révolution, en *inventant* la Fraternité. Leurs vertus pendant la sombre période du moyen-âge font pardonner aux moines dégénérés du XVIIIe siècle leur relâchement et leur corruption.

Ils ne surent pas résister aux entrainements de la prospérité ; bientôt, avec les richesses et le faste, la licence s'introduisit parmi eux ; leur cupidité leur aliéna les paysans, et déjà, en 1496, le 16 juin, les habitants de Fresnoy, révoltés des exigences de leurs voisins, escaladèrent les murs de l'abbaye, lâchèrent les étangs et brisèrent les portes. C'est dans les maisons de l'ordre de Cîteaux que Boileau, dans son *Lutrin*, a fixé la demeure de la Mollesse.

Le célèbre satirique, se trouvant à la suite de Louis XIV dans un voyage que fit ce roi à Strasbourg, passa à Cîteaux, où les moines le reçurent avec beaucoup de distinction. Quand ils lui eurent fait voir leur couvent, l'un d'eux lui demanda qu'il leur montrât donc le lieu où logeait la Mollesse : « Montrez-la moi vous-mêmes, leur répondit Boileau en riant ; car c'est vous, mes bons pères, qui la tenez cachée avec grand soin. »

Vint la Révolution.

Le vieux monastère de Morimond comptait encore cinquante religieux profès, vingt frères convers et beaucoup de domestiques séculiers, lorsque parut le décret de l'Assemblée Nationale portant que les biens monastiques devenaient propriétés de l'Etat et que la suppression des ordres religieux était prononcée, (13 février 1790).

Le 10 mars suivant, trois voitures, sous les ordres d'un membre de la municipalité de Bourbonne, s'arrêtèrent à Morimond : elles en repartirent le lendemain, emportant la plus grande partie des richesses du monastère. Dès lors le couvent fut évacué et devint la proie du voisinage. Les pierres servirent à construire des granges et des écuries : c'est ainsi que disparurent tour à tour les dortoirs, le noviciat, le cloître, le chapitre, l'infirmerie et l'église. Les meubles furent enlevés par les paysans ; les objets religieux également. J'ai vu tout récemment dans une maison de Fresnoy un calice en étain qui est intéressant, sinon comme objet d'art, du moins comme souvenir de l'abbaye; les stalles, les grilles et l'orgue furent expédiés sur Langres et font aujourd'hui l'ornement de sa cathédrale.

De tout cela, il ne reste aujourd'hui qu'une ferme, une porte ruinée et un très-bel étang. C'est sous les magnifiques ombrages qui bordent cet étang que les excursionnistes ont coutume de déjeuner. Il va sans dire qu'il faut, dans ce cas, apporter de Bourbonne toutes ses provisions ; sinon, on doit commander son déjeuner, en passant à Fresnoy, à l'auberge Barbier, et y revenir une heure après, lorsqu'on a visité Morimond.

Si l'on veut l'autorisation de pêcher dans l'étang, il faut la demander à M. Albert de Damblain, régisseur de M. Barrare, qui est le propriétaire actuel d'une partie des domaines des moines.

III

Place Gauthier.— Route du Haut-des-Bois.— La Bannie.

(Distance totale: 15 kilomètres)

C'est une promenade que j'ai faite vingt fois, et que j'espère refaire encore souvent avec le même plaisir.

Ne vous attendez pas, par exemple, à y trouver autre chose qu'une jolie route sous bois, à l'abri du soleil et de la poussière. La promenade entière dure deux petites heures, et si vous avez un bon cigare, une voiture douce et un causeur aimable à côté de vous, vous ne manquerez pas d'être satisfait.

Vous gagnerez les bois par la route départementale de Bourbonne à Chaumont ; arrivés au sommet de la côte de *Chagnon*, prenez à droite le chemin de la *place Gauthier*, retraite ombreuse, éminemment propre à un goûter champêtre ; un certain Gauthier (?), dit une légende assez vague, y soutint jadis une lutte terrible contre une louve qu'il terrassa: d'où le nom de place Gauthier. Les animaux féroces n'y sont plus à redouter; une douzaine de chasseurs intrépides, adjudicataires des chasses de M. du Breuil, leur font une guerre acharnée.

C'est là que se rendent en bandes joyeuses, filles et garçons, le premier dimanche de mai, pour se *moult esbaudir* sur le gazon. Les jeunes filles se couronnent de verdure et de fleurs, et leurs cavaliers enrubannés et enguirlandés les font danser du matin jusqu'au soir, sous les grands arbres du bois. On assure que cette coutume n'est qu'une ressouvenance de la fête du Guy, que célébraient nos pères, les Gaulois. Seulement les violonneux ont remplacé les Druydes, l'aubépine a détrôné le guy, les pâtés d'Hérard se sont substitués aux victimes sanglantes, et les jeunes vierges blanches ne s'offrent plus en sacrifice que sur l'autel de Vénus; leur vie n'est pas en danger, mais un faux pas est vite fait sur l'herbe glissante : on appelle cela *faire le mai.*

Une coupe récente a malheureusement mutilé ce joli coin de forêt, et les plus beaux arbres qui ombrageaient la place Gauthier viennent de disparaître.

En reprenant la grande route, on trouve bientôt, à gauche, dans le bois, quelques vestiges, recouverts par les herbes, d'une voie romaine qui se dirige sur Langres.

A la hauteur des fermes Degand, on laisse Damrémont à main droite, et l'on s'engage dans le bois *des Epinets*, où prend naissance le ruisseau de Borne, puis dans le bois de la *Réserve*. La route bordée au mois de mai de muguets fleuris, et plus tard de bruyères et de fougères, suit exactement la crête des hauteurs. Ces bois appartiennent à la ville de Bourbonne qui en tire ses meilleurs revenus. On sait d'ailleurs que la France possède peu de départements qui soient plus riches en bois que la Haute-Marne.

Puisque nous sommes destinés à traverser des bois dans la plupart de nos excursions, pourquoi ne dirions-nous pas un mot de cette splendide végétation qui fait le principal charme de notre contrée? Si un peu de statistique n'effraye pas mes lecteurs, je leur dirai qu'il y a, d'après la géographie de Carnandet, 75,720 hectares de bois dans l'arrondissement de Chaumont, 44,221, dans celui de Langres, et 49,823 dans celui de Wassy, ce qui fait un respectable total pour le département.

C'est dans l'arrondissement de Wassy que l'on trouve les forêts les plus étendues, bien que la quantité de bois y soit inférieure à celle de l'arrondissement de Chaumont. Les principales masses boisées du département de la Haute-Marne sont les bois d'Ecot, ceux de Laville au Bois et du Corgebin, la forêt d'Arc, la forêt de Clairvaux, les bois des environs de Fayl-Billot, de Varennes et de Bourbonne.

Les essences dominantes qui peuplent ces bois sont le chêne, le hêtre dont la marine, les menuisiers et les boisseliers tirent un grand parti ; l'orme, recherché par les charrons ; l'érable, considéré comme un de nos plus beaux bois de travail ; le frêne, dont le liant et l'élasticité constituent le principal mérite ; le charme, supérieur au chêne dans notre département comme bois de chauffage. Dans la catégorie des bois blancs communs se trouvent le tremble et le peuplier ; l'aune qui, par sa propriété de se conserver dans l'eau, sert à la confection des pieux pour pilotis, des corps de pompes etc ; le bouleau, le saule, le tilleul. La plupart des arbres fruitiers, le nerprun, l'épine noire et blanche, l'alisier s'y trouvent également.

Lorsqu'on arrive à la croisée de la route du *Haut-des-Bois* avec l'ancienne voie de Bourbonne à Coiffy, si l'on met pied à terre, et si l'on suit cette voie, dans la direction de Bourbonne, jusqu'à la sortie du bois, on se trouve presque au point culminant de la côte et l'on jouit d'une vue magnifique sur les pays limitrophes des Vosges, de la Haute-Marne, et de la Haute-Saône.

On revient à Bourbonne, par la nouvelle route de

Coiffy, en longeant le bois de la *Bannie*, appelé très prétentieusement le bois de Boulogne ; on peut y *faire son persil* autour.... de *la Grenouillère*. Ce petit bois était autrefois soigneusement entretenu par la ville, qui y avait aménagé de larges allées pour le passage des voitures et des cavaliers ; elle l'a délaissé depuis plusieurs années, et il serait à souhaiter cependant que la municipalité y pût dépenser quelque argent, pour en faire de nouveau un agréable rendez-vous de promenade. Dans ce bois jaillit une source sous le nom de *Fontaine amère*, dont l'eau n'a pas d'autre propriété que d'être légèrement amère et saumâtre.

IV

Villars. — Fresnes. — Senaide.

(Distance totale : 17 kilometres)

Je viens d'indiquer la jolie promenade que l'on peut faire par la route du *Haut-des-Bois*.

Le *pendant* de cette promenade est celle que l'on fait par Villars Fresnes et Senaide. Je m'explique. Les bourgeois, qui veulent décorer proprement leur salon, ont coutume d'acheter deux toiles *faisant pendant* : l'une représente toujours, en un paysage plus ou moins tourmenté et généralement très-fantaisiste, des arbres, des rochers, des montagnes ; l'autre, un coin de prairie, bien vert, où coule tranquille, une eau bien bleue. Les deux toiles sont de même dimension, les deux cadres ont la même dorure étincelante. Vous entendez maintenant ce que je dis lorsque je vous annonce le *pendant* de notre promenade à travers les bois de la côte Chagnon. Je vous emmène, en un trajet de même durée, à travers un paysage d'aspect tout différent.

Nous descendons les bords verdoyants de l'Apance, chers aux pêcheurs à la ligne.

A 3 kilomètres de la gare de Bourbonne, apparaît, sur la rive droite du cours d'eau, le village de *Villars-saint-Marcellin*, agréablement situé sur le penchant d'une colline. Je ferai grâce à mes lecteurs des détails aussi historiques qu'ennuyeux qui fourmillent sur Villars. Les chartes de Jacques de Saint-Cry, et les donations d'Olivier de Villars ne les intéressent pas plus que moi. Je me bornerai donc à dire que les habitants de Villars n'ont rien de commun avec les dragons qui portent le même nom.

Ce que ce village offre de vraiment curieux est la crypte qui règne sous le chœur de son église. Cette modeste église, que l'Etat a classée parmi les monuments historiques, date du XII° siècle de cette époque de transition où se fit l'alliance du plein-cintre et de l'ogive ; ses formes écrasées et peu gracieuses en font, du reste, un très-médiocre échantillon du genre, et son antiquité n'aurait pas suffi à lui mériter l'attention des archéologues, si elle ne possédait sa fameuse chapelle souterraine où l'on descend par un escalier tournant d'une vingtaine de marches. Cette crypte, de même dimension et de même forme que le chœur sous lequel elle est située, compte environ 8 mètres carrés et peut contenir 80 personnes ; sa voûte, assise sur des pilastres, est supportée par 12 colonnes monolithes, alternativement cylindriques et octogones, mesurant 2^{m},50 de la base au chapiteau ; les chapiteaux étaient ornés de sculptures qui se sont usées et presque effacées sous l'action du temps, et dont on ne voit plus que des traces informes sous les couches superposées de badigeon qui les recouvrent.

Au fond de l'abside se trouve une table de pierre, assise sur une épaisse colonne : c'est là que le prêtre autrefois célébrait la messe : malheureusement, cet autel primitif, mais curieux dans sa simplicité même est aujourd'hui masqué par un autel en bois peint, très-moderne et très-laid.

Neuf fenêtres élevées, étroites et cintrées, éclairent la crypte, dans un coin de laquelle sont deux sarcophages superposés, dont l'un contient encore des ossements ayant appartenu sans doute à quelque seigneur du village. Une antique légende veut que ce soient les restes de Saint-Marcellin, patron de l'église et leur attribue la vertu singulière de guérir à tout jamais les personnes atteintes de migraines et de névralgies : un trou, pratiqué à cet effet dans le sarcophage, permet au malade d'y introduire la tête, et d'en retirer le précieux remède. . . . sous la forme d'une toile d'araignée.

Un château-fort existait autrefois à Villars. On en peut voir les ruines dans le parc du château moderne qui appartient au vicomte des Mazis

A 7 kilomètres de Bourbonne, nous apercevons le gros bourg de *Fresnes*, majestueusement assis sur la rive gauche de l'Apance.

Son église aux vastes proportions et ses maisons agglomérées attestent l'importance de ce village. Son cimetière enclos de murailles, se détache de loin à mi-côte comme un caravansérail ou un bordj algérien.

Fresnes-les-sorciers ! d'où vient ce nom ? le docteur Bougard dit qu'au 17e siècle, au moment de la peste qui fit périr 200 habitants du village, une femme fut accusée de sorcellerie par 12 personnes « qui attestèrent l'avoir vue se promener sur les toits vêtue de blanc pendant la nuit et voler d'une rue à l'autre.» Convaincue d'avoir jeté de mauvais sorts, elle fut brûlée vive sur la place publique de Fresnes. Ce qu'il y a de vrai c'est qu'à Fresnes, comme dans beaucoup d'autres villages de la Haute-Marne, on croyait, il y a peu d'années encore, aux revenants, aux sorciers, aux loups garous, au sabbat ; mille contes fantastiques occupaient les soirées d'hiver ; si, au milieu de la nuit, on entendait des rires bruyants, le miaulement d'un chat, le hennissement d'un cheval, c'était le diable qui faisait danser la ronde aux mauvais esprits dans les champs, ou qui s'était tapi le long du chemin.

C'est le sol de Fresnes qui fournit à la plupart des tuiliers des environs l'argile nécessaire à la fabrication des briques.

On suit de Fresnes à *Senayde* la grande route de Jussey à Neufchâteau. En traversant le ruisseau de

Ferrières, on entre dans le département des Vosges auquel appartient le village de Senaide, qui possédait une ancienne seigneurie avec château, et qui fut brûlé et saccagé au 15e siècle. Son antiquité est du reste prouvée par le grand nombre de médailles romaines, de monnaies étrangères et de pièces aux effigies des vieux rois de France qu'on y a trouvées. Jusqu'en 1860, il existait à Senaide un petit séminaire qui jouissait jusqu'au loin d'une certaine réputation. Aujourd'hui ce sont les vins de Senaide qui font, à juste titre, sa renommée.

Poursuivant la même route, on arrive bientôt au carrefour de la ferme d'Andoivre, où l'on prend, à gauche, la direction de Bourbonne. Sur le pont du ruisseau du Clan se trouve la borne de séparation de la Haute-Marne et des Vosges.

A la hauteur du cimetière des Juifs il existe une source pétrifiante, bien connue dans le pays.

V

Fresnes — Châtillon — retour par **Enfonvelle**

(Distance totale : 25 kilomètres)

Il existe, non loin de Bourbonne, un coin de terre fortuné où, par les jours de chaleurs sénégaliennes que Juillet amène parfois à sa suite, on trouve sous les grands arbres une exquise fraîcheur.

C'est le parc de *Châtillon*, but de promenade classique, obligé, indispensable des baigneurs et des baigneuses. Aller à Châtillon, une fois ou deux dans la saison, constitue un des éléments nécessaires du traitement thermal. Et pourquoi pas, s'il vous plaît ? Qui donc oserait soutenir que l'exercice, le grand air, la gaité inséparable d'un déjeuner champêtre, au bord de l'eau, sur la lisière d'un parc verdoyant et ensoleillé, ne sont, pas bien faits pour aider puissamment à l'action des douches et des bains ? L'eau chaude à Bourbonne, et le champagne glacé à Châtillon, voilà les deux termes éminemment sages de la prescription doctorale que j'ose donner à mes lecteurs.

Châtillon, où vous arrivez en moins d'une heure et demie, après avoir dépassé Villars au clocher pointu, et traversé Fresnes, patrie des sorciers, est bâti au confluent de la Saône et de l'Apance, sur un promontoire escarpé où s'élevait jadis un château-fort redoutable qui servit, pendant des siècles, de point stratégique aux peuples et aux armées qui l'occupèrent. L'étymologie de ce village (*castellum*), ses routes et ses antiquités romaines, sa situation topographique et géographique sur les confins de la Lorraine et du comté de Bourgogne, ses fortifications, ses ruines, sa prévôté, ses seigneurs tout atteste l'importance, qu'il eut dans les siècles passés.

Mais la nature et la vie sont faites de contrastes et d'oppositions, de grandeurs et de décadences. Aujourd'hui une *villa* moderne a remplacé le vieux donjon et un parc gracieux s'est dessiné sur les champs arides où dorment pêle-mêle Suédois, Bourguignons et Romains. Cette vaste propriété, fraiche, paisible et riante, est bien l'une des plus agréables *maisons des champs* qui se puissent voir.

Il y a quelques mois à peine, elle était habitée par une vieille et aimable demoiselle qui pratiquait la plus large hospitalité en faveur des baigneurs qui venaient visiter son domaine. La porte était ouverte à tous.

L'hospitalière châtelaine vient de mourir, et à l'heure où j'écris ces lignes, la maison, le jardin, les prairies, les 100 hectares de bois sont à vendre. Avis au touriste qui aurait envie de planter sa tente aux alentours de Bourbonne.

En attendant, la mise en vente de cette belle propriété vous donne plus que jamais le droit de l'aller visiter. Profitez-en. Vous trouverez dans la partie basse du jardin, sur le bord de la Saône et à l'ombre des grands arbres, une table de pierre et des bancs qui l'entourent: c'est là que je vous conseille de déballer vos provisions et de déjeuner, et non pas dans le bois, ainsi que le font les excursionnistes imprévoyants. Là, en effet, vous êtes à proximité d'un puits qui vous fournit une eau absolument glacée.

Pendant que les fioles rafraichissent, pendant que les dames éventrant les paniers, en retirent le pâté et les écrevisses, pendant que les pêcheurs à la ligne taquinent le goujon sous le présompteux prétexte d'apporter au repas l'appoint d'une friture, les érudits peuvent faire un tour de promenade sur l'emplacement du vieux castel, et, frappant du pied les antiques assises des remparts, évoquer la grande image du passé.

Le séjour des Romains à Châtillon et l'importance de leur établissement ne sauraient être mis en doute: on voit encore dans le bois, dit le *Rouvrois*, des vestiges de castramétation; on a découvert, à la Riépette, (*Rieppella*), des médailles, des armes, des tombeaux romains contenant 3 ou 4 cadavres à la fois : parmi les vestiges imposants qui restent d'une ceinture de murailles, hérissées de tours, dont les soldats de César avaient flanqué leur citadelle, on voit les débris d'une porte creusée dans la pierre et récemment détruite qui conduisait à la *Romaine*, nom qu'a toujours porté une tour avancée, en face de la ville, sur la pointe d'un rocher. Cette tour fut ruinée pendant la guerre de 10 ans. Une partie des murs situés du côté de l'Apance présente encore une élévation de plus de 16 mètres ; à son sommet se trouve une guérite en pierre qui est en saillie et fait système avec le mur. La cité avait trois portes : celle dont il reste des vestiges était taillée dans le rocher ; et, d'après ses rainures verticales, il est permis de croire qu'elle s'ouvrait et se fermait à l'aide d'une poulie, si déjà la herse n'était connue. Il existait en outre, 2 passages souterrains, l'un sous l'Apance, l'autre sous la Saône. Enfin tout le territoire est sillonné de routes romaines, et il est hors de doute que c'est à Châtillon qu'Arioviste appuya l'aile droite de son armée, et à Monthureux l'aile gauche, lorsqu'il prit position sur la rive droite de la Saône, pour soutenir un combat resté fameux contre les légions de César.

Châtillon joua également un rôle considérable dans

les guerres du moyen-âge, mais je n'ai pas à en parler ici.

L'église du lieu est dédiée à Saint-Sulpice. L'ancienne offrait le style ogival du second âge. Sur la fin du 15e siècle, le passage des corps d'armée amis et ennemis n'avait laissé que les murailles de l'édifice, encore étaient-elles en partie ruinées. Elle fut restaurée en 1502, et pillée de nouveau en 1635 par les troupes suédoises.

Et maintenant vite au déjeuner, sus au pâté ! Ces dames, qui se soucient des Romains comme d'une coquille d'écrevisse vidée, s'impatientent et crient la faim ; à table donc, et faites, *post prandium*, une promenade hygiénique dans le bois, qui est ravissant. Vous me permettrez, lecteurs, de ne pas vous en décrire les beautés. Dieu me garde de gâter par une phraséologie inutile, le vrai plaisir que vous éprouverez à parcourir un paysage enchanteur.

Nota. — Les excursionnistes, qui ne veulent pas s'embarrasser des *impedimenta* du diner, trouveront toujours à l'auberge Denis une friture fraiche et une omelette au lard.

On peut revenir par le village d'*Enfonvelle*, où se trouve la borne qui sépare les trois départements de la Haute-Marne, de la Haute-Saône et des Vosges.

Rien de particulier à en dire.

VI

Jonvelle

(Distance totale : 32 kilomètres)

On peut compléter l'excursion de Châtillon, que je viens d'indiquer, par une promenade jusqu'au village de Jonvelle, qui s'en trouve distant d'une petite lieue.

Route charmante, qui côtoie la Saône à droite et longe à gauche les magnifiques carrières de pierres de Châtillon.

Jonvelle est située à l'extrémité du département de la Haute-Saône, dans le canton de Jussey, et sur les limites de la Haute-Marne et des Vosges.

On trouve dans l'*Histoire de la Seigneurie de Jonvelle,* par les abbés Coudriet et Chatelet, des détails fort intéressants sur cette ancienne forteresse qui fut, depuis le moyen-âge jusqu'au 17e siècle, l'un des postes les plus importants et les plus redoutables sur les frontières de France et de Lorraine.

Chef-lieu d'une baronnie des plus célèbres au moyen-âge, Jonvelle se rattache étroitement à l'histoire du Comté, dont il subit toutes les vicissitudes, sous les différents maîtres qui gouvernèrent cette province. Ce noble fief, un des plus riches du Comté, fut tenu jusque vers la fin du 14e siècle par une maison de seigneurs indigènes et résidents, qui mêla son sang à celui des plus illustres familles de Bourgogne, de Lorraine et de Champagne. En 1378, après la mort du dernier sire de Jonvelle, cette terre passe aux mains des La Trémouille et, vers la fin du siécle suivant, elle est englobée dans le domaine de la couronne de France. Les duchesses et comtesses de Bourgogne, Isabelle de Portugal et Marguerite d'Angleterre n'ont pas dédaigné d'ajouter à leurs titres pompeux celui de *dame de Jonvelle.*

Au 16e siècle, la seigneurie de Jonvelle, partageant les destinées du Comté, retombe aux mains des rois d'Espagne qui l'administrent directement jusqu'au jour où cette province devient définitivement une conquête française.

Cet aperçu rapide peut donner une idée de l'importance de Jonvelle dans les siècles passés. Cette ville renfermait un château princier, avec le magnifique entourage de la noblesse, de la puissance et de la justice souveraine, gens d'armes, châtelains ou capitaines, baillis, prévôts, sergents, procureurs, notaires, fourches à 4 piliers, foires et marchés. Elle avait deux églises paroissiales, une église seigneuriale, une familiarité, un prieuré et une maison de Carmes, le tout richement doté.

La place était défendue par le lit profond de la Saône et par une ceinture de bonnes murailles. Une citadelle et des forts détachés protégeaient la partie septentrionale qui n'était point couverte par la rivière. Placée comme une sentinelle avancée sur les frontières de France et de Lorraine, cette forteresse commandait les grandes routes de Comté en Lorraine et en Champagne ; elle était la clef du pays sur ce point. et par conséquent des plus exposées aux attaques de l'ennemi comme aux charges que rend nécessaires la défense nationale. C'était un poste d'honneur et de danger : vingt fois dans chaque siècle, elle vit les armées étrangères se présenter devant ses remparts et y trouver une barrière infranchissable.

Ce n'est qu'en 1641 que, par suite de la trahison d'un gouverneur, elle fut prise et brûlée. Ses murs, ses forts et son château furent rasés de fond en comble.

Aujourd'hui Jonvelle n'est plus qu'un village ordinaire, assis sur les ruines de la ville du moyen-âge, dont il ne reste plus que les traces des fossés et des remparts. Par delà sont des collines et des plaines bien cultivées, où les souvenirs confus des habitants placent les camps et les stations des armées.

L'église de Jonvelle présente différents styles d'architecture qui indiquent autant de reconstructions et d'additions successives. Le sanctuaire, dont le plan est rectangulaire, remonte au 14e siècle. Une lourde ogive formant arc-doubleau partage la voûte en deux travées, ornées de nervures diagonales. C'est un essai de transition vers cette forme nouvelle qui allait apporter tant de charme et d'élégance dans les constructions religieuses ; et pourtant cet appareil large et carré de la voussure rappelle encore les robustes échines du plein-cintre de l'époque antérieure. Du reste les parements latéraux et les pilastres à triples colonnes qui portent les retombées des nervures semblent fléchir sous le poids et présentent un écartement considérable, qui est un effet voulu, sans autre soutien que de simples contreforts. Ce qui fait croire que cette partie, la plus ancienne de l'édifice, appartient à cette date, c'est qu'en même temps que l'ensemble affecte un certain air de pesanteur, comme les ouvrages de cette époque, d'un autre côté, les colonnes annelées et leurs chapiteaux maniérés témoignent déjà d'une certaine recherche dans l'ornementation, qui est étrangère à l'architecture romane.

VII

Ainvelle. — Fouchécourt. — Château des Thons. — Lironcourt. — Châtillon. — Fresnes.

(Distance totale : 31 kilomètres)

Les deux villages d'*Ainvelle* et de *Fouchécourt*, n'offrent rien d'intéressant au touriste.

Après avoir dépassé Fouchécourt, lorsqu'on arrive à l'extrémité du chemin qui suit le riant vallon du ruisseau de Durenrupt, deux villages apparaissent sur les hauteurs de la rive gauche de la Saône, *Fignévelle*, à mi-côte, et *Godoncourt*, au sommet. On laisse à gauche la route de Monthureux, et l'on arrive bientôt aux *Thons*, en longeant la Saône, qui prend sa source à Vioménil, à une dizaine de kilomètres, au-dessus de Darney.

C'est sur la rive droite de la Saône qu'apparaît le *Château-des-Thons*, qui fut habité au moyen-âge par les seigneurs de Monthureux, au XVIe siècle par les marquis du Châtelet, puis par les comtes d'Hoffelize.

Ce château, un des plus vastes de la contrée, un des plus remarquables par la beauté de ses appartements et par l'étendue de son domaine, était fortifié et défendu par de larges fossés, encore aujourd'hui intacts. A gauche, dans le grande cour, on retrouve, vers l'endroit où est actuellement entassé le fumier, les vestiges des fondations d'une tour. D'autres traces importantes de constructions anciennes témoignent que les bâtiments actuels furent élevés sur l'emplacement d'un antique et vaste manoir, rasé depuis des siècles. L'honorable cultivateur qui en est aujourd'hui propriétaire, M. Hugot, mit à découvert, il y a 5 ou 6 ans, en creusant un réservoir de pêche, des pans de mur et différents objets de la plus haute antiquité, tels que des urnes en terre, des pots et coupes en fer et des débris d'une porcelaine italienne au grain très-fin, transparente et ornée de fleurs aux couleurs vives. Il ne voulut d'ailleurs faire pratiquer aucune fouille, mais il n'ignore pas que quelques journées de travail suffiraient pour mettre au jour des souvenirs intéressants du moyen-âge.

La façade principale du château regarde la Saône. Son pavillon central est couronné par un trophée en pierre sculptée représentant une cuirasse surmontée d'un casque ; deux autres casques en pierre sculptée ornent les angles de la corniche.

Les murs des appartements ont été dépouillés des boiseries et des magnifiques tapisseries qui les décoraient. Deux panneaux d'une tapisserie d'Aubusson, oubliés là on ne sait comme, ou dédaignés par les collectionneurs, sont restés dans une des chambres qu'habite M. Hugot. Disparu aussi, le mobilier. Il ne reste donc rien à voir dans ces beaux appartements qui ont été transformés en greniers et en magasins.

Peut-être un jour, quelque riche amateur aura-t-il la fantaisie de restaurer le château et de lui rendre son ancienne splendeur: On en ferait, certes, une demeure somptueuse.

Le village des *Thons* est divisé en deux parties : le Grand-Thon et le petit-Thon. C'est dans ce dernier que se trouvent le château ainsi qu'un couvent de Cordeliers, de l'ordre de saint-François, qui fut fondé et doté par les marquis du Châtelet. La chapelle du couvent prend jour par de belles fenêtres du style ogival flamboyant dont les vitraux peints étaient, dit-on, des chefs-d'œuvre. Personne n'a pu me dire ce que sont devenus ces vitraux qui existaient, il y a à peine un quart de siècle, au dire de M. Charton, l'érudit historien des Vosges. Dans un pré qui avoisine ce couvent, il existe, à une très-faible profondeur, l'enceinte d'une vaste construction qui date des Romains, si l'on en juge par les amas de tuiles à rebords que l'on rencontre sur ce terrain.

Le retour à Bourbonne s'effectue par *Lironcourt*,

village situé sur la Saône, puis par Châtillon et Fresnes, déjà connus du lecteur.

VIII

Monthureux. Bleurville. — La Roche du Mulot. — Le Rocher des Huguenots.

(Distance totale : 52 kilomètres)

Comme pour l'excursion précédente, on traverse Ainvelle et Fouchécourt.

Puis, on remonte la Saône, au lieu de la descendre.

Un vaste bâtiment carré, qu'on aperçoit de la route, domine les maisons de *Godoncourt* : c'est un couvent d'éducation.

Sur la colline, en face de Godoncourt, voici la *chapelle de Sainte-Anne*.

Là était la retraite d'une association de frères quêteurs qui, vers la fin du siècle dernier, imaginèrent d'ouvrir une école ; leur méthode d'éducation ne porta pas tous les fruits qu'ils en attendaient, car ils furent assassinés en 1778 par un de leurs élèves.

Dans cette chapelle qui est aujourd'hui la propriété d'un habitant de Godoncourt, se trouve une statue de Sainte-Anne, pour laquelle les populations environnantes professent une grande vénération. S'il faut en croire la chronique, on voulut, il y a quelques années, descendre la statue de son piédestal et l'amener au village ; six bœufs puissants attelés à la pierre la trainèrent péniblement jusqu'au milieu de la côte ; mais voilà qu'une force invisible paralyse leurs efforts ; exténuées et haletantes, les six bêtes s'abattent sur le sol. Il fallut renoncer à la translation de la sainte et la ramener sur le socle de la chapelle ; et l'on fut témoin, dit la légende, de ce fait merveilleux qu'une seule paire de bœufs enleva sans efforts jusqu'au sommet de la colline, la statue qu'un triple attelage n'avait pu tirer en descendant.

Suivant toujours les contours de la vallée, la route s'engage en se rapprochant de la Saône, dans les petits bois Le Comte et du Bignovre.

A la sortie du bois, on aperçoit à une demi-lieue en avant, le faîte d'une haute cheminée d'usine dont la silhouette sombre se détache sur le ciel gris ou bleu ; c'est comme la sentinelle avancée de *Monthureux-sur-Saône ;* encore quelques cents mètres et et le gros bourg apparaît, assis sur la hauteur. La Saône, qui l'entoure presque complètement de ses nombreux circuits, en faisait une position autrefois formidable ; aussi les Gaulois s'y étaient-ils fortement installés en face des armées de César.

Sous chaque pas, dans le canton de Monthureux, apparaissent les vestiges du passage et du séjour des Romains ; l'auteur des *Commentaires* a bataillé par là. César, dans la Franche-Comté et Arioviste dans la Gaule Belgique se mesurent de l'œil ; les deux armées s'ébranlent. Arioviste remonte l'Aisne, débouche dans les Vosges par Neufchâteau et vient prendre position sur la rive droite de la Saône, à Monthureux et à Châtillon ; César vole à sa rencontre, et, après de nombreuses marches et contre-marches, c'est entre les sources de la Meuse et de la Saône, sur les territoires de Bourbonne, Lamarche et Monthureux qu'un choc formidable aura lieu entre les Gallo Belges et les Légions Romaines. L'aile gauche de César, exécutant un hardi mouvement tournant par le plateau de Langres, viendra prendre à revers et culbuter les troupes d'Arioviste qui ne pourra plus s'échapper, en une fuite désespérée, que vers les rives du Rhin.

Oh ! les intéressants souvenirs et les attachantes études sur ce sol même, témoin des vieilles luttes de nos ancêtres, si l'heure du déjeuner n'était si proche et si une course de 22 kilomètres n'avait surexcité l'appétit des touristes. Laissez donc aux prises Arioviste et César et descendez à l'hôtel du Commerce dont le patron pourra vous dire, pendant que se rissolle la côtelette, les vieilles chroniques du pays.

A visiter, le coquet Stand que la Société de tir, dont M. André Bresson est le président, a construit à 1500 mètres de la ville, en face de l'emplacement de la future gare. Bourbonnais et baigneurs peuvent s'y présenter, sûrs d'être accueillis avec une courtoisie parfaite. Je n'en dis pas plus long, de peur qu'on ne m'accuse de faire ici de la réclame, ce dont Dieu me garde !

Un peu plus loin que Monthureux se trouve *Bleurville*. Ce village n'offre d'intérêt qu'aux amateurs passionnés d'archéologie. Et encore, qu'ils ne s'attendent pas à y rien voir de curieux : Bleurville possède des trésors archéologiques, mais ces trésors sont sous terre, et ils y resteront jusqu'au jour où un millionnaire, ami des arts, ira les y chercher.

Du temps des Romains, un établissement de bains d'une grande importance existait à Bleurville. Quelques fouilles faites accidentellement par la municipalité amenèrent, il y a quelques années, des découvertes qui ne laissent aucun doute à cet égard, entre autres, de vastes bassins revêtus d'un pavage de marbre noir et blanc, des chapiteaux, des colonnes d'ordre dorique, etc. ; le fond du principal bassin mis à découvert était jonché, particularité curieuse, d'une grande quantité de bois de cerfs, et de monceaux de coquilles d'huîtres ; au milieu de tout cela, beaucoup de vases d'une forme élégante, des jarres, des cruches, des urnes ornées d'inscriptions et revêtues de peintures variées, des fragments de mosaïque, des médailles et jusqu'à des spatules qui devaient servir à étendre les onguents et les parfums.

Ces résultats de fouilles partielles permettent de supposer qu'un travail sérieux et intelligent mettrait à découvert de précieux souvenirs. C'est sous la place et sous les maisons qui l'avoisinent et dans la rue du Moulin que se trouvent les constructions romaines.

Dans les bois de Bleurville, se trouve une roche remarquable appelée *Roche du Mulot* (mulet), ainsi nommée parcequ'on découvre en son sommet l'empreinte des quatre pieds d'un mulet. Cette empreinte se retrouve, mais moins visible, sur une petite roche placée au pied de la colline opposée. Naturellement, il y a une légende : le mulet serait celui qui portait Jésus-Christ dans sa fuite en Egypte : il aurait franchi d'un bond la distance qui sépare les deux rochers Des archéologues distingués sont venus récemment voir cette roche du Mulot et quelques-uns ont cru y découvrir des signes de la religion indienne. Si une coïncidence curieuse peut ajouter quelque valeur à leur opinion, je dirai que près de Neufchâteau se trouve le village de Midrevaux dont ce nom, a-t-on dit, proviendrait du culte de Mythra, divinité persane introduite en Gaule : *Mythra vallis*, vallée de Mythra.

Quoiqu'il en soit, M. le conservateur du musée d'Epinal y pratiquera incessamment des fouilles.

Les touristes que Bleurville n'intéresse pas et qui préféreraient explorer les environs Ouest de Monthureux, pourront se rendre dans la forêt très-pittoresque de Claudon.

A quelque distance d'une borne qui séparait la Lorraine de la Franche-Comté et sur laquelle se trouvent les armes des deux provinces, on voit une pierre assez volumineuse surnommée la *Roche des Huguenots*. Une tradition locale prétend que cette pierre servait d'autel aux réformés pour célébrer leur office pendant les guerres de religion.

Si l'on remonte la Saône jusqu'aux environs d'Attigny, quels jolis coins de verdure ! et d'Attigny à Darney, quel séduisant vallon ! Mais ne nous laissons pas entraîner si loin ; qui sait, madame, si vous ne feriez pas quelque fâcheuse rencontre dans cette grotte du Patey, jadis hantée par les mauvais génies, entrée redoutable de l'Elysée nocturne où les démons se donnaient rendez-vous sous la forme de dragons ailés. Les anciens du pays parlent encore avec une terreur superstitieuse de ces ombres fantastiques.

Aussi bien, la journée s'avance, il est temps de rentrer à Bourbonne ; le docteur vous a prescrit d'éviter les fraicheurs du soir.

IX

Serqueux, — Aigremont. — Larivière. — Arnoncourt.

(Distance totale: 20 kilomètres)

On sait qu'il n'y a aucune étymologie, si bizarre qu'elle soit, qu'on ne puisse justifier par des exemples incontestables et par bonnes et valables raisons ; vous ne serez donc pas surpris, judicieux lecteur, qu'une bonne demi-douzaine d'étymologistes se soient trouvés pour assigner chacun une origine différente au mot *sarcophagus*, d'où dérive *Serqueux*, nom d'un gros village situé à 4 kilomètres au nord de Bourbonne, au pied d'une côte escarpée qui est le premier chaînon des Faucilles.

L'un veut que sur l'emplacement de ce bourg les Romains aient eu un vaste cimetière, un deuxième affirme qu'il y avait là au temps jadis une carrière de pierres qui servaient à fabriquer tous les sarcophages de la contrée ; un troisième constate simplement que le village s'allonge au pied de la montagne dans la forme d'un colossal cercueil ; un quatrième . . . mais que vous importe ? Toute cette science-là est viande creuse, et j'imagine que les vignerons de Serqueux donneraient volontiers toutes les étymologies du monde pour un bon remède contre la maladie qui menace de dévaster leurs vignes.

Ce village ne possède aucun monument ancien digne d'être noté, sauf dans le cimetière, une très-belle croix gothique ornée de statuettes.

On va de Serqueux à Aigremont « dans un chemin montant, sablonneux, malaisé. » La côte est longue et pénible.... surtout pour les chevaux. Mais quoi ! il faut bien payer le plaisir qui vous attend sur la hauteur, d'où la vue embrasse un splendide horizon borné dans le lointain par les sommets des Vosges, du Jura et du Mont-Blanc. On aperçoit aussi très distinctement, lorsque le temps est clair, les tours et les fortifications de Langres.

A voir les paisibles et honnêtes demeures d'*Aigremont*, on ne se douterait guère que ce village fut autrefois la terreur de la contrée et le siège d'une puissante maison. Durant tout le moyen-âge, du haut de leur donjon les seigneurs d'Aigremont et de Choiseul dictèrent leurs lois dans le Bassigny. C'est une histoire intéressante que celle de cette antique baronnie. Mais je ne puis l'aborder *Hic est non locus* ; je me borne à relater qu'après plusieurs siècles de luttes, de guerres et de sièges, la redoutable forteresse fut prise, rasée et pour jamais détruite en l'an 1651 par les troupes Langroises. Le récit détaillé de ce siège fameux existe dans le *Journal de messire Clément Macheret* que l'on peut lire à la bibliothèque de Bourbonne Quant vint la Révolution la famille des Montmorency, qui avait un château à Bourbonne, possédait aussi le domaine et les débris du vieux manoir d'Aigremont. C'est à cette époque que disparurent les derniers vestiges de l'antique citadelle et de ses fortifications. L'église, du style gothique primitif, possède une porte ogivale intéressante, et renferme trois pierres tombales sculptées qui recouvraient les restes d'anciens seigneurs de la famille de Choiseul. L'objet le plus curieux de cette église est un reliquaire en argent d'un beau travail, qui date du XVIe siècle et qui vient de l'abbaye de Morimond. Il représente Saint-Sébastien patron de l'église, percé de flèches et lié à un tronc d'arbre.

Plus encore que par son histoire, le nom d'Aigremont restera illustre par sa légende. C'est là, en effet, que se déroule un des épisodes principaux de cette tant jolie fable du moyen-âge, le *Roman des quatre fils Aymon.*

L'histoire du moyen-âge offre peu de guerriers dont la renommée soit aussi populaire que celle de ces quatre frères possédant en commun, dit la légende, un seul cheval resté célèbre sous le nom de Bayard. Ils étaient fils d'Aymon, duc de Dordogne, selon les uns, prince des Ardennes, selon les autres.

Froissart raconte sérieusement l'histoire de ces personnages auxquels, à moins d'un excès de foi rare à notre époque, les modernes ne sauraient accorder qu'une existence toute poétique. C'est une parcelle détachée du cycle carlovingien, avec ses douze pairs, ses chevaliers de la Table-Ronde, ses grands coups de lance et d'épée, ses enchantements, ses royaumes fabuleux et ses monarques introuvables, grand fonds de merveilleux sur lequel a vécu toute l'épopée romanesque italienne des quinzième et seizième siècles.

Le premier, Arioste donna à ces ombres fugitives un corps, une existence, une immortalité poétique dans son *Roland furieux*.

Quant à la *Fable des quatre fils Aymon*, on la regarde généralement comme étant d'origine bordelaise ou provençale.

Quoi qu'il en soit, voici, en substance, l'épisode qui a pour théâtre Aigremont.

Charlemagne, ayant convoqué ses preux en cour plénière, s'aperçoit que l'un d'eux a dédaigné de répondre à son appel : c'est Beuves, duc d'Aigremont, frère d'Aymon. L'empereur irrité fait le serment,

« d'assiéger Aigremont, la grand cité vaillante,
« d'abattre son castel et sa tour reluisante. »

Aymon, ayant pris la défense de son frère et ayant osé dire que c'est folie de tenter l'assaut d'Aigremont, est chassé sur l'heure de la cour. Puis Charlemagne confie à son neveu Enguerrand la mission d'aller rappeler Beuves à ses devoirs.

Chevauchant nuit et jour, sans trêve ni repos, les messagers arrivent enfin devant le castel. Enguerrand menace le rebelle de la colère de Charlemagne, s'il ne se rend à merci. Le duc Beuves, qui ne plaisante pas, ordonne pour toute réponse qu'on tranche la tête de l'infortuné messager.

Sans plus discourir, les compagnons de la victime retournent vers l'empereur qui assemble aussitôt ses barons et parle de choisir parmi eux une nouvelle députation chargée de se rendre à Aigremont. Cette proposition ne provoque, comme bien vous pensez, aucun enthousiasme dans l'assistance, ce que voyant, Charles envoie en ambassade son propre fils Louis à la tête de 400 cavaliers.

Le même et triste sort attendait à Aigremont ce nouveau messager : un bon coup d'épée « vous l'envoie haranguer les sœurs filandières. »

Cette fois c'en est trop. Charlemagne marche lui-même sur Aigremont à la tête de 100,000 hommes.

Le combat fut terrible, car 60,000 hommes défendaient le château, et de plus les quatre fils d'Aymon accouraient montés sur Bayard, au secours de leur oncle. Les assiégeants cernaient la forteresse de toutes parts. Le brave Bayard bondit des hauteurs de Fresnoy, franchit d'un saut vigoureux la vallée de l'Apance et l'armée ennemie et tombe des quatre pieds sur le rocher d'Aigremont où depuis lors l'empreinte de ses sabots est demeurée ineffaçable, et où vous pouvez le voir encore. Et que cela ne vous surprenne point ; le brave cheval accomplit bien d'autres exploits de ce genre dans sa merveilleuse existence, tirant ses maîtres de toutes les occasions difficiles et sachant les soustraire toujours à la vengeance du roi de France. La Roche-Bayard, près de Dinan, pour n'en citer qu'un exemple, est célèbre au même titre que le rocher d'Aigremont.

Mais force devait rester à Charlemagne et Aigremont capitula. La soumission des rebelles fut acceptée à la condition que le duc lui-même viendrait à la cour implorer son pardon.

Or, ce fut après Pâque, aux premiers jours d'été
Lorsque l'oiseau gazouille en la forêt sauvage,
Que le duc d'Aigremont entreprit ce voyage
Et partit pour Paris, l'admirable cité.

Hélas ! il n'y arriva pas : un traître l'attendait au coin d'un bois et lui coupa la tête, après avoir massacré son escorte.

Dès lors Maugis d'Aigremont, fils de Beuves, n'a plus qu'une pensée : venger son père. Nous ne le suivrons pas dans les aventures chevaleresques dont lui, ses quatre cousins et le cheval Bayard sont les héros.

Redescendons dans la réalité . . . et dans la plaine. D'Aigremont, on glisse à Larivière par une route pittoresque ; à la tête de la vallée, on aperçoit, au milieu des bois, la ferme de Labondice qui appartint autrefois au comte Beugnot, pair de France, et qui fut, avant lui, une verrerie importante, à l'époque où l'industrie verrière était assez en honneur pour que le roi eût songé à l'anoblir. C'est presque exclusivement dans les Vosges aujourd'hui que l'on retrouve les descendants de ces grandes familles de gentilshommes verriers sur lesquels quelqu'un fit cette boutade au siècle dernier :

Gentilshommes hommes de verre,
Gardez-vous d'un faux pas ;
Si vous tombez à terre,
Vous volez en éclats.

Larivière produit des vins qui sont estimés et des braconniers qui le sont moins : la contrebande constitue, avec le braconnage, la principale industrie de la commune.

Ce village doit en outre une certaine célébrité à une source ferrugineuse très-estimée, dont l'eau, bien supérieure à celle de la plupart des sources similaires connues, ne tardera pas à acquérir la grande réputation qu'elle mérite, grâce aux efforts d'une société d'exploitation dont le siège est à Bourbonne. Cette source sort d'une couche de minerai de fer existant à la partie inférieure du *liais* qui compose le sol du territoire de Larivière. Elle est située tout près du premier moulin que l'on rencontre au sortir de Larivière lorsqu'on se dirige sur Arnoncourt. J'engage les excursionnistes à y faire une halte, pour goûter cette eau exquise.

On revient à Bourbonne en passant par Arnoncourt, dont j'ai parlé dans une précédente excursion.

X

Le gouffre de la Jacquenelle

(Distance totale : 28 kilomètres)

Il y a plusieurs cents ans, régnait dans le pays qui

forme aujourd'hui les confins de la Haute-Saône et de la Haute-Marne, le sire de la Jacquenelle, très haut, très-puissant et très-cruel seigneur de Blondefontaine, Jussey et autres lieux. Sa renommée s'étendait au loin, et grande était la terreur qui s'attachait à son nom, car cet homme, assoiffé de sang, d'argent et de carnage, pendait haut et court quiconque, à l'heure dite, ne versait pas la dîme dans ses coffre-forts avides. Les chênes étaient des gibets, les forêts des ossuaires, les corbeaux de la contrée, repus et ventrus, choisissaient leurs morceaux, et les cadavres balancés par le vent s'entrechoquaient dans l'espace.

Les hurlements des victimes arrivèrent un jour jusqu'à Dieu, et la Clémence de Dieu se lassa.

Un soir que les compagnons d'orgies du monstre étaient réunis avec lui dans la grande salle du château qui lui servait de repaire, et que, la coupe à la main, vautrés autour d'une table ployant sous les pièces d'orfévrerie et sous les mets abondants, ils fêtaient, dans l'ivresse et la débauche, quelque nouveau forfait de leur ami, un serviteur vint annoncer au sire de la Jacquenelle qu'un pauvre pélerin, transi de froid et quasi-mort de faim, demandait l'hospitalité : « Qu'on le jette aux pourceaux » dit-il froidement, et tous sortirent pour assister à ce joyeux spectacle. Soudain un éclair sillonna la nue : « Sire de la Jacquenelle, sois maudit ! » cria une voix formidable ; un voile de poussière s'élève, les vents mugissent, le tonnerre gronde et éclate, le château s'effondre ; un cri terrible, cri de rage, d'épouvante et de blasphême, retentit au loin.

Lorsque vint le jour, l'antique et redoutable manoir n'existait plus. Un large trou, plein d'eau, apparaissait en place : c'est le gouffre de la Jacquenelle.

Voilà la légende qui m'a été racontée hier par un vieux paysan de Blondefontaine en présence du trou mystérieux, dont on n'a jamais pu sonder la profondeur.

Quelques-uns de mes lecteurs refuseront, sans

doute, de croire à l'origine miraculeuse de la Jacquenelle. Je répondrai à leur scepticisme par un argument tiré des bons auteurs, et l'autorité de Rabelais donnera, j'imagine, un certain poids à ma légende. N'est-ce pas lui en effet, qui nous apprend comment fut formée la Seine? Gargantua, pris d'un pressant et douloureux besoin épancha. . . sa douleur du haut des murs de Notre-Dame; c'est cet événement qui donna naissance au fleuve parisien; et la *preuve*, ajoute le joyeux curé, c'est *qu'il coule encore*.

Je trouve l'argument irréfutable, et je me l'approprie. La Jacquenelle est le gouffre par lequel le sire de Blondefontaine fut précipité dans l'enfer: on n'en saurait douter, puisqu'elle existe encore.

En quittant Bourbonne par la route de Villars, on se dirige vers la Haute-Saône. Bordée dans toute sa longueur de peupliers, d'acacias et de tilleuls, cette route, qui mène à Jussey, passe à Fresnes, Blondefontaine et Raincourt, en traversant un paysage frais et riant, d'abord les vastes prairies qu'arrose l'Apance, puis des bois et des vignes.

A quatre petites lieues de Bourbonne et à environ 500 mètres avant Blondefontaine, à gauche et presque sur le bord du chemin, se trouve un trou circulaire, plein d'eau et entouré d'une rangée de jeunes peupliers: c'est la Jacquenelle.

Alimenté par quelque rivière souterraine, ce gouffre, dont personne n'a pénétré le mystère, est l'objet d'une terreur superstitieuse; les anciens du pays se rappellent que deux chevaux attelés à un carrosse s'emportèrent un jour, et que, précipités dans la Jacquenelle, chevaux, gens, et carrosse y restèrent enfouis, sans doute pour l'éternité.

Cette histoire est vraie, et la profondeur de la Jacquenelle n'est pas connue: il y a peu d'années, la sonde y fut jetée sans résultat, jusqu'à 480 pieds, et je ne sache pas que l'expérience ait été renouvelée.

L'eau en est fraîche et délicieuse à boire; l'endroit me paraît bien choisi pour un dîner champêtre: des bouquets d'arbres poussent avec vigueur dans un sol frais et riche, et à quelques cents mètres, les bois de Melay offrent, sous leurs taillis serrés, des promenades agréables.

Là, point de hautes montagnes, point de vastes horizons, point de nature sauvage ; mais de la verdure, de l'eau, de l'ombre, du soleil, et, au mois de juin, une bonne odeur de foins coupés : voilà la Jacquenelle !

Ajoutez à cela un pâté truffé, un doigt de Bordeaux, quelques friandises et un flacon de Champagne : Vive Dieu ! la belle chose que la nature ! ! !

XI

Pouilly. — Beaucharmoy

(Distance totale : 21 kilomètres)

Le village de Pouilly est situé à 10 kilomètres de Bourbonne, sur un plateau extrêmement intéressant au point de vue orographique : « Il existe une ferme sur le territoire de cette commune, dit le docteur Causard, dont les toits versent leur eau dans trois mers différentes : au couchant, dans un ruisseau tributaire de la Marne, au levant dans l'Apance et par conséquent dans la Saône, au nord dans la Meuse. »

La Meuse prend sa source, au Nord du village, auprès des dernières maisons situées sur la route de Parnot. Ce n'est qu'un mince filet d'eau, et le passant étranger au pays ne se doute guère que cet humble ruisseau qui court dans les rues du village est ce fleuve majestueux qui va se jeter dans la mer du Nord après une course de 900 kilomètres. On raconte qu'un habitant de Pouilly, ayant construit un petit barrage en sable dans le lit du ruisseau, fit cette réflexion profonde : « Ils seront bien étonnés, dans les Pays-Bas, quand ils ne verront plus arriver la Meuse. »

L'Eglise de Pouilly, avec ses grands murs flanqués de contreforts à l'appareil monumental, son clocher carré à cheval sur la première travée du chœur et dépassant de peu la toiture des nefs, présente l'aspect d'un antique monument un peu affaissé sous sa trop large toiture.

Bâtie à deux reprises, à des époques assez éloignées, elle porte les caractères des deux styles prédominant au moment de sa construction. Le chœur, avec sa fenêtre du chevet divisée en trois baies ogivales (aujourd'hui fermées) et ses colonnes dégagées des pilastres, le clocher avec ses ouvertures en plein cintre, partagées par une colonnette en deux baies ogivales et la nef centrale sont construits dans le style roman de transition, caractérisé spécialement par l'ogive des voûtes et le plein cintre des fenêtres et accusent évidemment la fin du onzième siècle et le commencement du douzième. Les nefs latérales et la porte datent de la fin du quinzième siècle. Les fenêtres et les pilastres en font foi.

L'église, à la ligne primitive, à une nef fort large et assez allongée, comme toutes celles de l'époque avait été construite avec la pensée d'en faire, en même temps qu'une maison de prière, un lieu de refuge en cas de guerre. Il y eut du XII au XVe siècle, des seigneurs, portant le nom de seigneurs de Pouilly, qui étaient de rudes guerroyeurs devant l'Eternel ; ils avaient un château-fort, à 2 kilomètres du village, à la cour des Barres et c'est dans un but évident de défense, pour faire de l'Eglise un suprême retranchement, qu'ils établirent au-dessus de la porte principale un mâchicoulis d'où l'on pouvait impunément, du haut des voûtes, défendre les abords du bâtiment et le protéger contre les assiégeants. Pouilly, comme Parnot et les autres villages voisins, eut beaucoup et souvent à souffrir de la guerre, de la famine et de la peste.

Plus tard, à cause de l'accroissement de la population, l'église se trouvant trop étroite, on dut songer à un agrandissement et l'on construisit les deux nefs latérales. Des pilastres appuyés contre les murs eux-mêmes, évidés en ogive, formèrent les arcades latérales. Il en résulta une série de piliers plus ou moins irréguliers et informes, reliquats du mur extérieur primitif, et dont la grosseur, disproportionnée avec la hauteur sphérique, s'explique par la nécessité de soutenir une épaisse voûte en pierres.

C'est à cette époque aussi que l'on construisit, en avant de la porte principale, au-dessous du machicoulis, qui fut ainsi rendu inutile, un porche voûté, un des plus beaux spécimens du genre, dans la gracieuse ogive du quinzième siècle.

Le mobilier de l'église comprend, entre autres choses, une statue de la Sainte Vierge, en pierre, du treizième siècle et un appui de Communion au dessin riche, en fer forgé du quatorzième siècle.

Les autels primitifs ont disparu ou bien ont été dissimulés derrière des autels en bois, style Louis XIV. Le maître-autel, avec son rétable immense, qui couvre tout le chevet de l'église, ses colonnes cannelées, ses nombreux personnages, ses ornements gracieux, produit un bel effet, bien que n'étant pas dans le style de l'église.

On peut voir, à l'autel de la nef latérale du côté du nord, un rétable remarquable, représentant en demi-bosse l'institution du rosaire. Les connaisseurs admirent aussi les panneaux finement sculptés qui forment le degré de ce rétable.

En revenant à Bourbonne par la route de Pouilly à Beaucharmoy, l'on jouit d'une vue délicieuse sur la vallée de l'Apance qu'encadrent au loin les côtes de Serqueux et d'Arnoncourt.

XII

Mont-lès-Lamarche. — Aureil-Maison. — Lamarche. — Martigny-les-Bains

(Distance totale : 44 kilomètres)

Le premier village que l'on rencontre dans les Vosges, après avoir laissé à droite la ferme d'Andoivre, est *Mont-lès-Lamarche*, situé à 10 kilomètres de Bourbonne, au pied d'une montagne escarpée qui dépasse en hauteur toutes les côtes voisines et du sommet de laquelle la vue embrasse un horizon immense. La crête de cette montagne, couverte de vigoureuses forêts au milieu desquelles se présente la plaine de Mont sous la forme d'un prodigieux fer à cheval, sépare, comme une colossale borne, les départements de la Haute-Marne et des Vosges.

A signaler, sans s'y arrêter, un vieux château sans style, flanqué de quatre tourelles avec grande cour intérieure.

Tout près du village, des jardins potagers se groupent sous la dénomination collective de *jardin des Calvinistes* ; on y a souvent exhumé des ossements humains qui provenaient d'un massacre de Luthériens.

En somme, rien de curieux à observer ; passons. et traversons le bouquet de bois de l'Effut, non sans jeter un coup d'œil au pied de la montagne sur la ferme de Rapéchamp, assise exactement sur la ligne de partage, et dont les eaux se déversent, par la Meuse et par la Saône, partie dans la mer du Nord, partie dans la Méditerranée.

Voici *Aureil-Maison* « Aurelii-Mansio » disent les étymologistes. Croyons-les pour leur faire plaisir, et, à dire vrai, ils ont peut-être raison. Ce faubourg de Lamarche s'est élevé sur l'emplacement d'un ancien camp, romain selon les uns, bourguignon d'après les autres. Ces derniers appuient leur opinion sur la nature des antiquités déterrées en ce lieu : ce sont des casques ou des *pots de tête* en fer avec visière et crémaillère, et des armes offensives et défensives inconnues aux Romains ; quoi qu'il en soit, c'était un camp de peu d'importance, puisque la butte sur laquelle il était assis ne mesure que 70 mètres de diamètre, ce qui donne un espace à peine suffisant pour contenir 200 guerriers.

A 1 kilomètre apparaissent les premières maisons de *Lamarche*, gracieusement encadrées par des platanes d'une belle venue. Comme Rome, la ville de Lamarche est entourée de 7 collines.

La route de Neufchâteau à Jussey et celle d'Epinal à Langres qui est construite sur les assises de la grande voie romaine de Langres à Strasbourg, coupent la ville en croix.

Lamarche, qui tire son nom de sa position entre les *marches* de la Champagne et du Barrois était jadis fortifiée ; mais murailles, château et portes, tout fut détruit pendant les guerres du 17e siècle qui réduisirent la population de la ville à 7 habitants, un par colline. Toutefois il reste encore quelques vestiges de l'une des portes avec une tourelle flanquant une partie du château que l'on continue à appeler *fort Lamarche*.

A voir, l'église du 13e siècle, récemment restaurée, mélange d'architectures gothique et ogivale, surmontée d'une tour et d'une flèche d'un bel effet.

Saluons, en passant, la figure du maréchal Victor, buste en bronze surmontant une pyramide de granit sur laquelle ont été inscrites ses victoires.
Le héros semble attendre patiemment que sa patrie lui élève un monument digne d'elle et digne de lui. C'est lui qui, à la bataille de Marengo, lutta pendant 7 heures, seul avec sa division contre toute l'armée autrichienne : c'est lui que Napoléon fit duc de Bellune en récompense de son intrépidité à Iena et à Friedland ; c'est lui enfin qui nommé gouverneur de Berlin, traita la cité vaincue avec tant de clémence et de justice qu'elle lui vota une calèche et deux chevaux d'honneur à son retour en France. En 1871, la Prusse victorieuse à son tour sut s'en souvenir, et la ville de Lamarche fut épargnée en mémoire du maréchal.

Entre le mont des Fourches et le mont Saint-Etienne, au N.-E. de Lamarche, s'engage l'importante voie romaine dont nous avons parlé plus haut : c'est celle que l'on suit pour se diriger sur *Martigny*.

Situé près de la source du Mouzon, à 6 kilomètres de Lamarche, le village de Martigny date d'une haute antiquité ; tout porte à penser que les Romains s'y établirent sur les ruines d'un établissement gaulois, pour céder ensuite la place à des colonies bourguignonnes et espagnoles ; des sabres gaulois à côté de javelines romaines, des médailles à l'effigie des empereurs pêle-mêle avec des monnaies de Lorraine et d'Autriche, des statues païennes couchées près des fers dont se servaient les Espagnols pour enchaîner leurs prisonniers, tous ces vieux souvenirs ne sont-ils pas restés là comme les anneaux d'une chaîne ininterrompue d'occupations successives ? Les objets les plus précieux ont été déposés au musée d'Epinal; d'autres, forts intéressants, sont la propriété d'un honorable habitant de Martigny.

Une carrière ouverte il y a quelques années dans la place du village contenait en grande quantité des os humains d'une longueur extraordinaire; on ne sait quels géants sont venus mourir là; et encore aujourd'hui dans les champs et les bois environnants existent des *tumuli* romains dont quelques-uns seulement ont été fouillés.

Que ces vieux braves dorment en paix et revenons au présent.

Martigny est une station balnéaire d'un grand avenir. Un établissement magnifique y a été créé récemment pour l'exploitation de ses eaux ferrugineuses. Cet établissement, d'une construction élégante et riche, s'élève au milieu d'un vaste parc qu'arrose un gracieux cours d'eau. Les buveurs trouvent dans le bel hôtel de cet établissement des chambres élégamment meublées et une table somptueusement servie, à des prix fabuleux de bon marché. Chaque jour, le chemin de fer amène dans cette jolie station, pour l'heure du déjeuner, de nombreux visiteurs qui viennent de Vittel et de Contrexéville.

J'engage vivement les excursionnistes de Bourbonne à faire aussi cette intéressante promenade.

XIII

Le Chêne des Partisans. — Retour par **Blevaincourt et Damblain.**

(Distance totale : 67 kilomètres)

De Martigny on peut pousser jusqu'au *Chêne des Partisans*; mais alors il ne faut pas s'attarder à table. Car la course est longue, et rude la journée.

A mesure qu'on avance dans les Vosges, les sites

les plus variés et les plus riants se dessinent à chaque pas ; les vallées et les montagnes, les prairies et les forêts se succèdent d'une manière charmante et imprévue, faisant oublier les longueurs du voyage. Nous suivons la ligne du chemin de fer Chalindrey-Mirecourt, nous traversons le bois Banal près des sources de l'Auger, puis *Crainvilliers*, peuplé de fondeurs de cuillers ambulants, le hameau de la *Rouillie* et le village de la *Vacheresse* à 500 mètres duquel s'élève dans la forêt le légendaire et colossal *Chêne des Partisans*. Sous son ombrage immense se réunissaient les partisans lorrains qui, de 1634 à 1645, durant les sièges de Lamothe, allaient à travers les forêts piller les villages de la frontière française. Cet arbre géant dont la circonférence est de 13 mètres à la base, l'élévation de 22 mètres, et l'envergure de 23 mètres, comptait déjà 150 ans d'existence lorsqu'il servait de rendez-vous aux partisans ; il est donc âgé d'environ 400 ans ; il n'a pas courbé sa prodigieuse mâture, mais le temps et les orages lui ont fait de rudes entailles.

Pendant la guerre de 1870, la même forêt donna asile à un camp retranché de francs-tireurs qui se battirent vaillamment contre les Prussiens et empêchèrent longtemps l'envahissement des cantons de Bugnéville, Lamarche, Darney, Monthureux et Vittel. (Ne pas confondre la brave compagnie commandée par un excellent officier de l'armée active, le capitaine Coumès, avec d'autres bandes pillardes qui ont laissé dans le pays un plus mauvais souvenir que les Prussiens eux-mêmes.)

Le retour à Bourbonne peut s'effectuer par *Sauville* et *Damblain* ; la route n'est pas plus longue que du côté de Lamarche. On traverse successivement *Sauville*, autrefois siège d'une seigneurie importante, *Robécourt*, sur les bords du Mouzon, habité jadis par les Templiers dont la maison existe encore transformée en demeure particulière, village aujourd'hui renommé pour ses belles fonderies de cloches, *Blevaincourt*, où la tradition place un ancien champ de bataille, sans aucune indication précise; des cercueils, des ossements et des armes découverts dans la plaine, au lieu dit la *haie des Cercueils*, sont les seules preuves à l'appui. Ce qu'il y a de remarquable et surtout de plus utile en ce lieu, c'est une source considérable qui jamais ne tarit et qui, dans les temps d'extrême sécheresse, est l'unique ressource des pays d'alentour. Nous repassons la voie ferrée à *Damblain*, dans la plaine qu'arrose le petit ruisseau de Foullière. C'est à Damblain que se refugièrent les Recollets de la Mothe après le sac de cette ville en 1645, et ils y restèrent jusqu'à la Révolution. Leur maison existe encore, servant d'habitation à des ménages d'ouvriers. L'église de la paroisse, de style ogival flamboyant, est dégradée mais encore intéressante.

De Damblain, on gagne Fresnoy et Bourbonne par une route déjà connue des touristes qui ont été visiter les ruines de l'abbaye de Morimond.

XIV

Genrupt. — Voisey. — Melay. — Villars.

(Distance totale : 22 kilomètres)

Genrupt, on l'imagine, n'a jamais tenu une place importante dans l'histoire ; rien à signaler dans ce modeste village de 160 habitants ; sa population, honnête et paisible, s'adonne à l'agriculture ; les terres y sont fertiles, les pâturages gras et le beurre de Genrupt est estimé : la margarine est encore inconnue dans cet heureux pays !

Après Genrupt, on quitte la route de Bourbonne à La Ferté — cette route dont le parcours ennuyeux a fait gémir tant de baigneurs avant la création du chemin de fer de Bourbonne — et l'on prend, à gauche, le chemin de Voisey, qui suit, en longeant la voie ferrée, un délicieux vallon.

Voisey est un gros bourg qui a des fontaines sans eau, et des becs de gaz sans gaz. Un maire, ami de la gloire, avait rêvé des destins grandioses pour sa patrie, et il éleva ces monuments. Hélas, la gloire ne vint pas, l'eau non plus, et le gaz pas davantage ; on ne vit apparaître que le déficit dans le budget communal. Les touristes moralistes ne manqueront pas de tirer de là des conclusions saisissantes sur la grandeur et la décadence des choses de ce monde.

L'église de Voisey, qui date de l'époque romaine, ne manque pas d'intérêt.

L'entrée du portail, est ornée de 4 colonnettes à chapiteaux, et la voussure formée par une quadruple archivolte à plein-cintre. Le clocher carré, lourd et d'un appareil moyen, est terminé par deux pignons et percé de quatre larges fenêtres aussi à plein-cintre, encadrées de trois colonnettes et divisées par un meneau trilobé, que surmonte une rosace ajourée. La corniche de l'édifice appuyée sur de simples modillons, présente ça et là quelques figures grimaçantes. L'église est à trois nefs ogivales, et, particularité très-intéressante, sur un axe incliné de droite à gauche, symbole mystérieux qui rappelle la tête penchée du Christ expirant : Cette disposition est excessivement rare ; on ne cite que 2 ou 3 églises qui la présentent, entre autres celle de Le Blanc, dans le département de l'Indre.

Le fond de l'abside a été masqué par une grande machine en bois enluminé où l'artiste a dépensé tous les trésors d'un mauvais goût dévergondé.

De Voisey à Melay, on traverse des terrains plantés de vignes qui sont la principale ressource de ces deux villages.

Melay est un gros village qui n'offre rien d'intéressant. Le chemin de Melay à Villars est accidenté et pittoresque. On rentre à Bourbonne par la vallée de l'Apance.

XV

Vitrey. — Cherlieu. — St-Marcel.

(Distance totale : 28 kilomètres)

Pour se rendre aux ruines de l'abbaye de *Cherlieu*, on traverse successivement Voisey, Neuvelle-les-Voisey, Vitrey, Montigny-lès-Cherlieu.

Des ruines de l'abbaye, il ne reste, à vrai dire, plus grand'chose ; et il n'en restera bientôt plus rien, car il paraît qu'un entrepreneur a fait l'acquisition des derniers pans de murs pour en utiliser les pierres. C'est grand dommage qu'on n'ait pas religieusement conservé les vestiges, laissés debout par la Révolution, de cette grande et puissante abbaye. Ce qui ne disparaitra jamais, c'est le site enchanteur où s'élevait le monastère, et cela seul vaudra encore le voyage lorsque la dernière pierre de la vieille église aura été enlevée.

L'abbaye des Bernardins de Cherlieu eut pour principal fondateur le comte de Bourgogne, Renaud III, qui vivait au commencement du XIIe siècle. Pour avoir une idée de son importance, il faut savoir que ce monastère put recevoir dans son enceinte plus de 20,000 personnes, lors des funérailles du comte palatin Othon IV, qui fut inhumé à Cherlieu le 5 mai 1310. Son église était la plus belle et la plus vaste de toute la province : elle mesurait 326 pieds de longueur sur 75 de largeur ; la hauteur des voûtes sous clé dépassait 66 pieds.

Comme celle de Morimond, l'abbaye de Cherlieu fut détruite et pillée par la Révolution. Elle possédait tous les tombeaux des comtes de Bourgogne, qui étaient aussi précieux par leur travail que par leur âge cinq fois séculaire et par les noms illustres de ceux qui y reposaient. Ces tombeaux furent transportés à Jussey le 8 octobre 1793 et les trésors qu'ils contenaient furent vendus à vil prix, ainsi que toutes les choses précieuses rapportées de Cherlieu, tableaux, gravures, statues, bas-reliefs, médailles, livres, manuscrits, etc . . .

Les villages voisins se ruèrent sur les débris de l'abbaye et la vaste enceinte de murailles, de colonnes et d'arceaux fut livrée comme une vile carrière à l'exploitation des paysans.

Aujourd'hui il ne reste plus, ou du moins il ne restait plus lorsque je fis cette excursion, que deux immenses travées qui témoignaient encore de la majesté de la vieille basilique.

Au milieu du hameau qui s'est fondé sur les assises du monastère, se dresse encore une croix élégante érigée par Ferdinand de Rye, archevèque de Besançon et abbé de Cherlieu. Elle porte les armes du prélat.

Les touristes peuvent manger leurs provisions soit chez l'un des habitants du hameau, soit, en plein air, auprès de la Fontaine des Moines.

Voir dans l'église de *Montigny-lès-Cherlieu*, un beau maître-autel avec douze candélabres qui a été donné à son village natal par Mgr Gousset. Cet autel est estimé 25,000 francs.

On peut revenir à Vitrey, en passant par *Saint-Marcel*.

XVI

Chauvirey-le-Châtel

(Distance, aller et retour, 45 kilomètres)

On passe également par Vitrey pour se rendre à *Chauvirey-le-Châtel*, siège d'une ancienne seigneurie.

Il y avait autrefois deux châteaux importants à Chauvirey. L'un est en ruines ; l'autre, qui a été restauré, est habité ; les étrangers peuvent visiter cette belle propriété ; ils y sont toujours courtoisement accueillis. Le vieux château, qui est mentionné dans une histoire manuscrite de la guerre de Trente ans que possède la bibliothèque de Vesoul, était entouré de fossés et défendu par une muraille flanquée de plusieurs tours.

Voici quelques détails historiques le concernant, que je trouve dans un ouvrage local :

« Le château fut à moitié renversé en 1641, après un siège mémorable. Il fallut 40 coups de canon pour ouvrir la brèche ; quand elle fut prête, le comte de Grancey, envoya au commandant du château une nouvelle sommation ; mais celui-ci persista dans la défense et repoussa l'assaut avec une vaillance héroïque. Enfin, sur le midi, voyant tout courage inutile, il se rendit à discrétion. Les soldats eurent la vie sauve et sortirent sans armes ni bagages avec un bâton blanc à la main. Le chef fut impitoyablement pendu à la porte du manoir, pour avoir continué la résistance après la brèche ouverte. »

Le même auteur ajoute :

« Ce château n'est plus aujourd'hui qu'une agréable maison bourgeoise, présentant une vaste façade qui se terminait jadis par deux ailes. Celle du Nord, du style roman, qui renfermait la salle d'armes, a disparu il y a peu de temps. Au centre de la grande cour, se trouve la chapelle de St-Hubert. Ce petit édifice construit dans le style ogival, sur la fin du XIVe siècle, est sans contredit, le plus remarquable monument que possède notre pays dans ce genre d'architecture. Des clochetons sveltes et légers couronnent ses contreforts à gargouilles bizarres. Ses trois fenêtres élancées en accolades n'ont plus leurs belles verrières ; mais il n'a rien perdu de ses autres ornements. La voûte repose sur des faisceaux de colonnettes qui s'épanouissent en nervures élégantes, reliées entre elles par les écussons armoriés des sires de Chauvirey et de leurs alliés. Surtout, rien deplus harmonieux que les arcatures ajourées qui retombent en gracieuses draperies devant chaque fenêtre latérale. L'autel, qui est du XIIIe siècle, supporte un bas-relief représentant la légende de Saint-Hubert. La chapelle possède un cornet de chasse, richement émaillé qui, selon la tradition, fut celui du patron des chasseurs.

« L'église du village a perdu les meneaux et les verrières de ses fenêtres ogivales ; mais elle offre toujours à l'admiration des connaisseurs un beau retable en style de la renaissance, orné de 3 statues dont la plus remarquable représente Saint-Sébastien. Dans le sanctuaire, plusieurs tombes qui ont été conservées, recouvrent la sépulture de quelques seigneurs du lieu. »

En somme, très intéressante excursion.

XVII

Coiffy-le-Haut. — Montcharvot.

(Distance totale : 16 kilomètres).

Placé sur le faîte d'une montagne, à 420 mètres d'altitude, le village de Coiffy domine un horizon immense. On y jouit d'une vue splendide qui s'étend jusqu'aux montagnes du Jura, au-delà desquelles on aperçoit encore, lorsque le temps est favorable, les cîmes neigeuses du Mont-Blanc. Aussi Coiffy est-il visité par tous les étrangers qui viennent à Bourbonne : on ne se lasse pas d'admirer les beautés pittoresques du paysage que le regard embrasse du haut de la colline.

C'est à sa position exceptionnelle que ce village a dû d'être autrefois une place forte de premier ordre ; sa formidable citadelle, dont on voit encore les importantes assises, a défendu pendant tout le moyen-âge cette partie de la frontière française. Aussi l'histoire de ce village n'est-elle qu'une longue suite de combats, d'incendies et de massacres. L'une de ces tueries qui coûta la vie au curé et à 388 habitants de Coiffy (en 1638) est restée célèbre ; une inscription, qui date de l'époque et qui est placée dans l'église, en consacre le souvenir. Cette église fut brûlée le même jour ; le chœur fut épargné par l'incendie, et il a pu être conservé intact jusqu'à nos jours.

Aujourd'hui, le village est en totalité habité par des vignerons ; la culture de la vigne y a toujours été en grand honneur, depuis le XIIIe siècle, époque à laquelle les moines de Molesmes défrichèrent ses coteaux. Le vin de Coiffy est estimé et on en a célébré les mérites en vers et prose :

Le vin de Coiffy
Pétille, pétille !
Gloire à Dieu qui fit
Le vin de Coiffy.
Tout autour de moi
Sautille, sautille,

La terre en émoi
Tourne autour de moi.
Que jamais ne cesse
Ma si douce ivresse !
Le vin de Coiffy
M'ôte tout souci ;
Qu'on m'en verse encore,
Du soir à l'aurore,
Gloire à Dieu qui fit
Le vin de Coiffy !

Est-ce la vertu du vin ? est-ce la bonté de l'air vif et pur de la montagne ? On vit vieux à Coiffy. Le père Lalance qui est archicentenaire et qui vide encore gaillardement sa bouteille de vin blanc est là pour l'attester.

De Coiffy à *Montcharvot*, on suit, en traversant le bois des Brosses, la crête des hauteurs qui séparent la vallée de l'Apance de la vallée de l'Amance. Du village de Montcharvot, rien à dire ; mais la vue dont on y jouit est magnifique ; tout au loin, bien loin, par-delà les plaines et les collines, les villages et les bois, l'horizon est fermé par les chaînes des Vosges ; c'est un spectacle enchanteur, et la voiture qui vous ramène à Bourbonne en descendant la côte de Montcharvot va toujours trop vite au gré du promeneur.

XVIII

Coiffy-le-Haut. — Chézeaux. — Varennes. — Coiffy-le-Bas.

(Distance totale : 27 kilomètres)

De Coiffy-le-Haut, on peut, au lieu de revenir à Bourbonne par Montcharvot, descendre dans la vallée, et gagner Chézeaux, puis remonter à Varennes et rentrer par Coiffy-le-Bas.

Varennes, la plus importante de ces 3 communes, est un chef-lieu de canton, illustré dans le passé par Saint-Gengoul, et célèbre dans le présent par les asperges qu'on y cultive.

C'est à Varennes, en effet, que naquit Saint-Gengoul, vulgairement Saint-Gengon, trop tôt, hélas ! pour pouvoir jouir des bienfaits de la loi Naquet. Il était, dit l'histoire, humble, chaste, sobre, doux, officieux, tendre, charitable, et plus encore. Il est resté célèbre autant par ses vertus que par ses malheurs domestiques. Il aimait passionnément la chasse : c'est ce qui le perdit. Sa femme le fit assassiner au coin d'un bois, le 11 mai 760. Il laissa son nom à un bois de Vicq, appelé depuis *Fontaine Saint-Gengon*. Là se trouve une source qu'il fit, dit-on, jaillir miraculeusement pour étancher sa soif et abreuver sa meute. Les bonnes gens du pays vous montrent encore, au bord de cette fontaine, les pas de ses chiens imprimés sur la pierre.

Il fut inhumé à Varennes. Les miracles qui se firent à son tombeau, témoignèrent de sa sainteté, et il fut bientôt en vénération dans nos contrées. Pendant dix siècles, on alla en pèlerinage à Varennes, dans la chapelle qui lui était dédiée.

Coiffy-le-Bas est une commune distincte de Coiffy-le-Haut ; elle dépend du canton de Varennes, tandis que le village qui s'est élevé sur les ruines du vieux *Castrum* appartient au canton de Bourbonne.

Rien de curieux à y visiter. On rejoint dans le bois de la *Réserve* la route de Coiffy-le-Haut à Bourbonne.

XIX

Coiffy-le-Bas - Laneuvelle Route de Langres

(Distance totale : 18 kilomètres).

De Bourbonne à Coiffy-le-Bas, route charmante à travers les bois et les vignes.

Tout près de Coiffy-le-Bas se trouve le village de *Laneuvelle*, habité comme tous ses voisins, par des vignerons.

Une tradition populaire que Diderot a recueillie dans son « *Voyage à Bourbonne* », attribue aux cochons de Laneuvelle la découverte des sources thermales. D'après cette tradition, quelques-uns de ces animaux, atteints d'une maladie réputée incurable, venant à la glandée jusqu'à Bourbonne, se vautrèrent dans la boue des terrains où s'élève actuellement l'établissement thermal ; on remarqua que tous guérirent rapidement. Nous n'avons pas besoin d'ajouter que les bains de Bourbonne existaient bien avant le village de Laneuvelle (*nova villa*), qui date sans doute de l'époque où l'on a commencé à exploiter les les carrières à plâtre, qu'on rencontre sur son territoire.

Diderot ajoute :

« Quand je pense que ce sont les mêmes animaux qui ont trouvé les sources salutaires de Bourbonne, auxquels nous devons les truffes excellentes qu'on nous envoie encaissées dans des poules d'Inde,

« Aux bons cochons je porte révérence,
« Comme à des gens de bien par qui le Ciel voulut,
« Que nous eussions un jour et plaisir et salut. »

Au sortir de Laneuvelle, une montée très-rapide vous mène dans les bois, et l'on rejoint à la hauteur de Damrémont la grande route départementale de Langres, ou plutôt de Chaumont à Bourbonne et à Fresnes. Si le temps est favorable, on jouit, du sommet de la côte Chagnon, de la vue d'un beau paysage sur la région des Vosges.

XX

Isches. — Flabémont.

(Distance, aller et retour, 27 kilomètres)

Pour se rendre à l'étang de *Flabémont*, on passe par *Isches*, gros village qui s'appelait autrefois *Trichâteau*, à cause des trois châteaux qui y existaient et qui appartiennent, l'un aux Choiseul, le deuxième aux Chauvirey et l'autre aux d'Haraucourt ; ce dernier subsiste encore, du moins en partie.

Isches est la patrie du général du premier Empire Drouot.

L'étang de Flabémont, qui appartient à M. Claude de Morizécourt, est situé au milieu de la belle forêt du Bois-Bas. C'était, du temps des moines qui l'avaient construit, un étang aussi vaste au moins que celui de Morimond. Aujourd'hui, de cette pièce d'eau on en a fait trois. Je ne connais guère d'endroit plus charmant pour faire un déjeuner sur l'herbe. Avis à mes lecteurs.

A 500 mètres de l'étang, en dehors du bois et dans la vallée, s'élevait l'abbaye de Flabémont, qui fut construite en 1140 par le comte Hugues de Vaudémont et qui s'écroula à la Révolution. Un hameau a été construit sur l'emplacement du monastère, dont une porte, datant seulement du 18e siècle, existe encore. On voit encore de vastes bâtiments voûtés qui ont été convertis en granges par les habitants du hameau.

L'église de l'abbaye était, parait-il, fort riche ; ses belles verrières ont été conservées et replacées dans l'église d'un village voisin, Saint-Julien.

Si l'on veut revenir par une route différente, on peut aller rejoindre, en passant par Tignécourt, la route de Monthureux et se diriger sur Bourbonne, en passant, soit par Fouchécourt et Ainvelle, soit par les Thons, Lironcourt et Châtillon.

XXI

Beaucharmoy. — Parnot. — Arnoncourt.

(Distance totale : 21 kilomètres)

Le site au milieu duquel est situé *Beaucharmoy* est gracieux comme son nom. Cet humble village est comme blotti, au fond d'une gorge, sous un rideau de verdure. Un ruisseau affluent de l'Apance, le traverse : ce n'est point le Pactole, car les habitants de cette commune, vivant péniblement du produit de leurs vignes, passent pour être exceptionnellement pauvres.

Autrefois, cependant, Beaucharmoy avait peut-être une plus grande importance, puisqu'un seigneur l'habitait. A vrai dire, son « château » qui existe encore, ne ressemblait que de fort loin au Louvre.

Après avoir dépssé les dernières maisons on gravit, au milieu des vignes, une côte longue et rapide qui offre, de son sommet, un beau point de vue sur la vallée de l'Apance.

Parnot, où l'on arrive bientôt, est une commune assez importante, mais d'un aspect peu intéressant. Il n'y a rien à dire du village ; mais, à 500 mètres de celui-ci, se trouve un délicieux vallon, qu'on appelle le vallon de La Chapelle. Si l'on a apporté des provisions de bouche, on peut déjeuner sur les bords du joli petit étang qui remplit le fond du vallon. Cette pièce d'eau appartient, ainsi que la ferme, la chapelle, et les terrains qui l'avoisinent à un habitant de Parnot, M. Pelletier.

La chapelle, qui a donné son nom à cette propriété, date d'environ 3 siècles.

Elle est construite sur un roc qui fut, dit la légende, le théâtre d'un miracle. Dans ce roc, on découvrit un jour une petite statue de la vierge ; cette statue fut transportée dans l'église de Parnot ; mais le lendemain, elle n'était plus dans l'église et on la retrouvait dans son ancienne place ; la légende rapporte que plusieurs fois on voulut ainsi déplacer la vierge et que chaque fois celle-ci retournait dans son roc. Ce miracle, vrai ou faux, engagea les habitants à élever la chapelle que l'on voit aujourd'hui.

Je lis dans un vieux manuscrit, qui appartient au propriétaire actuel de la chapelle :

« En ce temps-là, cette chapelle était vénérée ; on y venait en pélerinage ; les boiteux, infirmes et malades y venaient aussi avec confiance. On dit qu'il y en a qui en sont sortis guéris. On buvait aussi avec confiance de l'eau de la petite fontaine qui se trouve de l'autre côté du Ruisseau, au bas du coteau regardant le couchant ; on dit qu'elle a été découverte par des pas de bœufs. »

Cette chapelle fut pillée et fermée, à la Révolution, puis mise aux enchères et vendue à Chaumont le 16 messidor an 4 (1795).

De Parnot, on redescend dans la vallée de l'Apance par Arnoncourt, dont il a déjà été question plusieurs fois.

XXII

Contrexéville. — Vittel.

(Distance totale : 67 kilomètres)

Il y a deux manières de se rendre de Bourbonne à Contrexéville : soit, en y allant directement en voiture, soit en se faisant conduire seulement à la gare de Lamarche (19 kilomètres) où l'on prend le train.

Pour mon compte, je préfère assurément la première manière, bien que la journée soit rude. Et je conseille surtout aux personnes qui peuvent le faire, de consacrer 48 heures à cette excursion. Dans ce cas, on déjeune soit à Martigny, (hôtel de l'établissement), soit au chêne des Partisans, si l'on a emporté ses provisions, et l'on va dîner et coucher à Contrexéville. On visitera Vittel le lendemain matin, et l'on rentrera à Bourbonne, sans trop de fatigue.

Contrexéville, village de 728 habitants, est situé sur le Vair, dans un vallon. Les propriétés chimiques et les vertus médicinales de ses eaux, inconnues aux anciens, ont été découvertes en 1760. La fondation de l'établissement est due au célèbre médecin Pierre Thouvenel (en 1773).

Ces eaux, froides, peu gazeuses, limpides, alcalines et d'une saveur légèrement ferrugineuse, jouissent d'une réputation méritée pour la guérison de la gravelle, de la goutte, les calculs biliaires, le diabète et les catarrhes de la vessie. Il faut remarquer que toutes ces maladies sont également traitées avec succès à Bourbonne, par les eaux de la source Maynard.

On administre les eaux de Contrexéville, selon la maladie traitée, en bains, en douches, en lotions et en boisson.

Les sources sont au nombre de quatre : la *source du Pavillon*, la *Souveraine* et les sources du *Quai* et du *Prince*.

Il n'y a pas autre chose à voir, à Contrexéville, que l'établissement des bains qui est magnifique.

Le village de *Vittel* qui compte de 1400 à 1500 habitants, est situé, au penchant d'une colline, sur le bord de la rivière. Cette station d'eaux minérales est très fréquentée On y a construit, avec un grand luxe, un splendide établissement, sur les dessins de M. Charles Garnier, le célèbre architecte de l'Opéra. Il est situé à 500 mètres du village, sur une éminence dominant les belles prairies de la vallée du Vair, au milieu d'un parc de quinze hectares, admirablement dessiné et arrosé par le cours de la rivière.

Les deux principales sources de Vittel sont : la *grande source* et la *source salée*. Deux autres sont aussi exploitées avec succès, la *source Marie* et la *source des demoiselles*.

Les eaux s'emploient principalement en boisson et accessoirement en bains et en douches. Elles s'appliquent aux mêmes maladies que celles de Contrexéville.

XXIII

Langres.

Distance, aller et retour : 76 kilomètres

La ville de *Langres* est célèbre par ses souvenirs historiques qui datent de la plus haute antiquité et par la formidable position militaire qu'elle occupe sur la route de Paris. Elle tient également une place honorable dans l'industrie par sa coutellerie qui, comme celle de Bourbonne, jouit d'une réputation méritée.

On se rend à Langres, en passant par Saulxures, Rançonnières, Andilly, la gare d'Andilly, protégée par un fort, Neuilly-l'Evêque et Bannes. Des hauteurs de Bannes, on jouit d'une vue très-pittoresque sur la cité langroise qui couronne, de l'autre côté de la vallée, la montagne opposée.

Bien que ce ne soit pas notre coutume de recommander un hôtel plutôt qu'un autre, nous croyons cependant devoir, en dehors de toute pensée de réclame, indiquer à nos lecteurs l'hôtel de l'*Europe*, comme le meilleur pour déjeuner.

Du haut des remparts de Langres, on jouit du plus merveilleux panorama qui se puisse voir.

Il convient de visiter également quelques monuments intéressants, la *Cathédrale*, magnifique édifice qui date du XII° siècle, l'église *Saint-Martin*, la porte *Romaine* qu'on voit, près de la principale porte d'entrée de la ville, la *maison de la Renaissance*, une des plus intéressantes que l'on connaisse située rue Saint-Didier et occupée par un magasin de nouveautés le *Musée*, très-riche en antiquités.

En sortant par la porte des *moulins*, qui faisait partie du système des fortifications élevées par Vauban, on arrive à la promenade de Blondefontaine, qui fait à juste titre, l'orgueil des Langrois.

A 5 kilomètres de Langres, se trouvent les sources la Marne, situées au milieu d'un amphithéâtre de rochers sauvages, tout près de la curieuse et célèbre grotte d'Eponine et de Sabinus.

XXIV

Excursions lointaines

J'ai indiqué toutes les promenades et excursions que l'on peut faire facilement, chaque jour, autour de Bourbonne.

Les touristes, qui désirent consacrer, entre deux saisons balnéaires, quelques journées à un voyage d'excursion plus étendu, n'ont que l'embarras du choix.

Je cite sommairement :

1° Un voyage en Suisse, (Bâle est à 6 heures de Bourbonne) ;

Une excursion au lac de Gérardmer, à la Schlucht, au Honeck, aux lacs de Longemer et de Retournemer, au ballon d'Alsace, etc... (il n'existe rien de plus intéressant en Suisse que cette excursion dans les Vosges) ;

3° Une visite aux villes d'eaux voisines, Plombières, Luxeuil, Bains, Bussang, etc...

4° Enfin, un voyage à Nancy ou à Dijon.

FIN DES EXCURSIONS ET PROMENADES

OURBONNE ET SES ENVIRONS

CARTE D'EXCURSIONS

Échelle de $\frac{1}{160.000}$

Limite des Départements ++++++++++

Limite du Canton de Bourbonne ——————

Limite des Communes de ce Canton ....

Radel, Grav.

Librairie

HUMBERT

A BOURBONNE

Cabinet littéraire

—

PUBLICATIONS NOUVELLES

On trouve à la même maison :

VUES PHOTOGRAPHIQUES

DE BOURBONNE

JOUETS D'ENFANTS

***PARFUMERIE*, *GANTS*, *BROSSERIE*,**
***MERCERIE*, *etc*.**

BONBONS AUX EAUX DE BOURBONNE

Bourbonne Imp. Humbert.

www.ingramcontent.com/pod-product-compliance
Lightning Source LLC
LaVergne TN
LVHW020407230826
846091LV00004B/1183

9782013445443